환대에 대하여

De l'hospitalité
by Jacques Derrida & Anne Dufourmantelle

환대에 대하여

안 뒤푸르망텔이 초대하고
자크 데리다가 응답하다

이보경 옮김

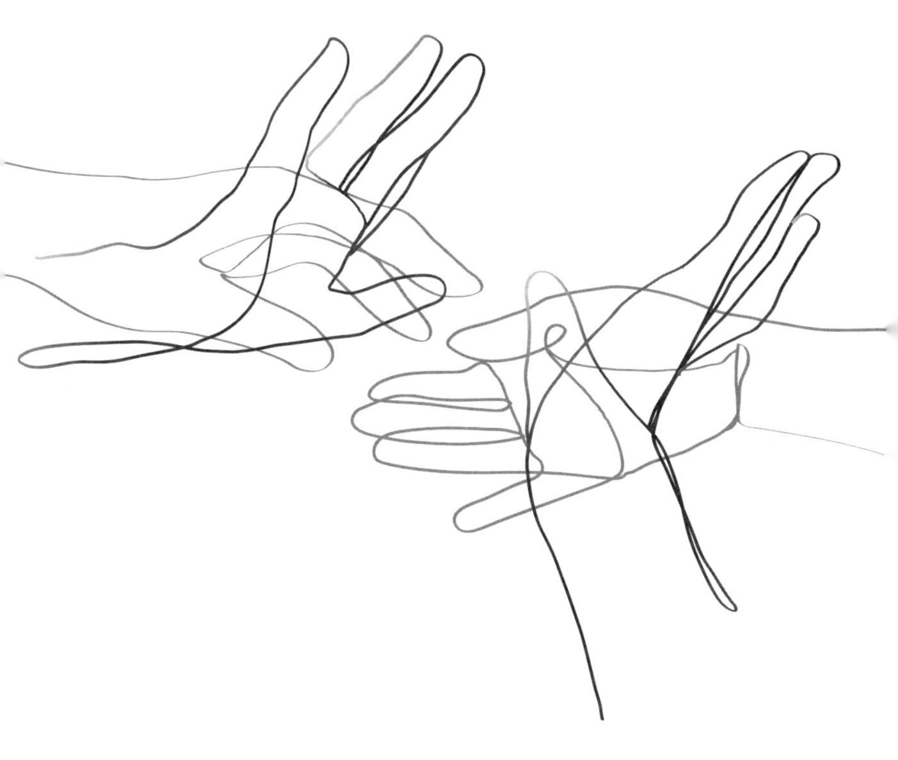

| 일러두기 |

- 이 책의 원서는 자크 데리다가 1995년에서 1997년 사이에 파리의 사회과학고등연구원에서 했던 세미나 중 1996년 초에 했던 4강과 5강을, 안 뒤푸르망텔이 자신의 〈초대〉라는 글과 함께 출간한 것이다.
- 원서를 따라 왼쪽의 짝수 페이지에는 뒤푸르망텔의 텍스트를, 오른쪽의 홀수 페이지에는 데리다의 텍스트를 번갈아 실었다. 원서에서 정자로 되어 있는 데리다의 텍스트는 명조체로, 이탤릭으로 되어 있는 뒤푸르망텔의 텍스트는 고딕체로 했다.
- 원서 중 강조를 위해 본문과 다른 글씨체가 쓰인 부분은 굵은 고딕체로 표시했으며, 대문자로 시작하는 단어(고유명사 및 제목 제외)는 번역어 위에 방점 표시를 했다.
- 〔 〕 안의 내용은 데리다가, [ ] 안의 내용은 옮긴이가 덧붙인 것이다.
- 원주 번호는 숫자로, 역주 번호는 기호(*, †, ‡, §…)로 표시하여 구별했다.
- 원서에서 병기된 프랑스어 외 언어 중, 고대 그리스어와 라틴어는 원서를 따라 ( ) 안에 넣었다. 한편 영어와 독일어, 그리고 번역 과정에서 옮긴이가 독자의 참고를 위해 병기한 프랑스어 원어는 첨자로 표시했다.
- 본문에 언급된 원전의 제목은 최초 언급 시에만 원제목을 병기하고 모두 한국어로 표기했다. 이때 원전 중 한국어 번역본이 있는 것은 해당 책 제목을 사용했고, 한국어 번역본이 없는 것은 원제목을 적절히 번역했다. 원전이 인용될 경우 특정 한국어 번역본을 참조하되 데리다가 참조한 프랑스어 번역본의 어조에 맞추어 옮긴이가 직접 옮겼으며, 이에 참조한 한국어 번역본의 서지정보는 역주로 제시했다.

차례

안 뒤푸르망텔

초대

"환대 행위는 시詩적일 수밖에 없다."

— 자크 데리다

내가 이 지면에서 말하려는 것은 데리다의 시적 환대이다. [여기에는] 밤에게 말을 거는 것 같은 어려움이 있다. 밤은 철학적 사유에서 낮의, 가시적인 것의, 기억의 질서에 속해 있지 않은 것이기에. 그것은 하나의 침묵에, 이 침묵을 에워싸고 담화가 배치되어 있는

자크 데리다

이방인의 물음: 이방인으로부터 온 물음

4강 (1996년 1월 10일)

이방인에 관한 물음, 그것은 이방인의 물음이 아닌가? 이방인으로부터 온 물음이 아닌가?*

---

* 이 강의의 제목인 '이방인의 물음 : 이방인으로부터 온 물음'은 'Question d'étranger : venue de l'étranger'를 옮긴 것이고, '이방인에 관한 물음'은 'la question de l'étranger'를 옮긴 것이다. 여기에는 다의성을 지닌 세 개의 프랑스어 단어가 걸려 있다.

첫째, 'étranger'는 영어의 '이방인stranger'과 '외국인foreigner'의 뜻을 동시에 지니고 있다. 데리다는 여기서 이주민, 난민과 같은 현실의 외국인 문제와, 철학적 주제로서의 이방인 문제를 이중적으로 제기하고 있다. 이러한 다의성을 모두 살려 옮길 경우 자연스럽게 읽기가 어려워질 것을 고려하여 주로 '이방인'으로 옮겼지만, 많은 경우 '외국인'을 뜻한다는 것을 염두에 두고 읽을 필요가 있다. 이를 '외국인'보다 '이방인'으로 옮긴 것은, 이 문제를 철학적 차원으로 끌어올려서 분석하고자 한 데리다의 취지를 살리려는 마음에서이다. 다만 맥락에 따라 '낯섦', '이상함'의 뜻이 부각된 경우 그렇게도 옮겼으며, 형용사로 쓰였을 경우 '낯선', '이상한', '기이한', '외국의', '이국의' 등으로도 옮겼다.

둘째, 'question'은 말 그대로 이방인이 제기하는 '물음'일 수 있지만, 이방인에 관한 '문제'일 수도 있다. 이 책에서는 주로 'problem'을 '문제'로 번역하고, 'question'을 '물음'으로 번역했지만, '물음'이라는 말이 곧 '문제'라는 뜻일 수 있음을 염두에 두고 읽을 필요가 있다.

셋째, 프랑스어의 'de'라는 전치사가 지닌 다의성이다. 이 단어는 '…로부터', '…에 의한', '…라는', '…에 관한' 등 다양한 뉘앙스를 지닌다. 이는 우리말 그런 침묵에 접근하려고 하는 것과 같다. 때로는 시가 이 침묵을 발견하기도 하지만, 이 침묵은 항상 말이나 기록의 바로 그 운동에서 그 탈-은폐를 [즉 드러남을] 면한다. 만일 밤의 한 부분이 언어에 기입된다면, 그것은 또한 언어가 말소되는 순간이기도 할 것이다.

말이 지니는 이 야행성의 측면을 우리는 강박이라 부를 수 있을 것이다. 모사 작가는 화가의 붓놀림이나 저술가의 문체를 모방하며 그 차이를 지각할 수 없을 정도로 모방할 수 있겠지만, 화가나 이방인에 관한 물음 **자체***la* question를 말하기 전에, 이방인**의** 물음이라는 것을 분명히 밝혀야 할 것 같다. 이 강세의 차이, 이것을 어떻게 이해할까?

말한 대로 이방인에 관한 하나의 물음이 존재한다. 이 물음에 다가가는 것이 시급하다. 이 물음에 그 자체로.

물론이다. 하지만 이방인에 관한 그 물음은 다루어야 할 하나의 물음이기 전에, 하나의 개념, 하나의 주제, 하나의 문제, 하나의 프로그램을 가리키기 전에, 이방인**의** 하나의 물음, 이방인**으로부터** 온 하나의 물음이며, 이방인을 향하는 하나의 물음, 이방인**에게** 건네는 하나의 물음이다. 마치 그 이방인이 원래 최초로 물음을 던지는 **자**, 또는 최초로 물음을 건네받는 **자**이기라도 한 것처럼. 마치 이방인이 물음에-놓인-존재이기라도 한 것처럼, 물음에-놓인-존재라고 할 때의 바로 그 물음이기라도 한 것처럼, 물음-존재 또는 물음 [자체가] 물음에-놓인-존재이기라도 한 것처럼.* 하지만

의 '의'나 영어의 'of'도 마찬가지지만, 프랑스어가 'de'를 더 폭넓게 사용하는 것 같다. 데리다는 강의 전반에 걸쳐 이 'de' 전치사의 다의성을 활용하고 있다. 'Question d'étranger'는 '이방인의 물음'으로, 'venue de l'étranger'는 '이방인으로부터 온'으로, 'la question de l'étranger'는 '이방인에 관한 물음'으로 주로 옮겼지만, 이 다의성을 염두에 두고 읽을 필요가 있다. 또 우리말의 '의'도 다의성을 지니므로 프랑스어 'de'를 그냥 '의'로 옮긴 경우도 있다.

* 이 구절은 하이데거가 자신의 저서《존재와 시간》앞부분에서 '존재 물음', '존재의 의미에 대한 물음'을 제기할 때 이 '물음이 걸려야 할 존재자'를 '현존재'로 간주하는 장면을 연상하게 한다. 여기서 데리다는 '물음이 걸려야 할' '현존재'를 '최초로 물음을 건네는' '이방인'의 문제로 전환시키고 있는 것으로 보인다. 이방인은 자신의 물음으로 인해 곧바로 '물음에-놓인-존재', 즉 '문제되고 있는 존재', '물음의 대상이 되는 존재'가 된다. 그로 인해 '물음에-놓인-존

저술가의 강박, [즉] 최초의 지문이 봉인되어 있는 이 침묵을 향해 이들을 끊임없이 되돌아오게 만드는 그 강박만큼은 결코 자기 것으로 만들지 못할 것이다. 너무나 아름다운 환대의 테마를 중심으로 짜인 이 철학적 이야기에서, 데리다의 강박[1]은 근접성의—불가

[1] 이 강박은 이미 여러 세미나에서 다룬 '증언', '우정', '비밀', '식인 풍습의 수사학'과 같은 많은 테마들 그 자체 내에서 우리에게 알려졌다.

그는 또한 최초의 물음을 던지면서 나를 물음 속에 놓는 자[문제시하는 자]이다. 레비나스가 "물음의 탄생"*으로 분석하는 제삼자의 상황과 정의正義를 떠올리게 된다.

이 물음의 물음을, 이방인의 장소이자 그의 그리스에서의 상황이 펼쳐지는 장소에서부터 다시 다루기에 앞서, 예고했듯이 제사題詞의 명목으로 몇 가지 언급과 독해를 할까 한다.

여러분에게 친숙한 [텍스트적] 장소들을 불러내자. 플라톤 대화편의 여러 부분에서, 묻는 자는 주로 이방인(*xenos*)†이다. 그는 물음을 가져와서 제기한다. 우선 《소피

재'가 '물음'이 되는 상황, 즉 '존재'에 대한 철학적 물음이 생겨난다. 말 그대로 누구인지 모르는 이방인은, 명확히 규정되어야 할 '존재'라는 범주를 문제되게 만드는 존재자, 즉 타자인 것이다. 그렇다면 이방인의 정체성은 '물음-존재 또는 물음 자체가 물음에-놓인-존재'가 된다. 다시 말해 존재의 토대를 묻는 '존재 물음'으로도 규정될 수 없는, '물음으로서만 존재하는 존재' 또는 '물음 자체가 문제되고 있는 존재'가 바로 이방인이다.

* 레비나스의 *Autrement qu'être ou au-delà de l'essence*(국역본으로는 《존재와 달리 또는 존재성을 넘어》, 에마뉘엘 레비나스 지음, 문성원 옮김, 그린비, 2021)에 나오는 표현이다. 이에 관한 데리다의 논의로 *Adieu à Emmanuel Lévinas*(국역본으로는 《아듀 레비나스》, 자크 데리다 지음, 문성원 옮김, 문학과지성사, 2016. 해당 책의 67쪽에서는 이 표현을 "문제의 탄생"으로 옮긴다)를 참조할 것.

† '이방인'은 'l'Étranger'의 번역어이다. 이렇게 '이방인'의 원어가 대문자로 시작하는 경우는 《소피스트》의 등장인물처럼 누구인지 특정할 수 있는 이방인을 가리킨다. 이 점에서 소문자로 시작하며 이방인 일반을 의미하는 'l'étranger'와 구별된다. 'l'étranger'에 대응하는 그리스어인 '*xenos*'도 대문자로 시작하는 경우 '크세노스', 소문자로 시작하는 경우 '크세노스'로 구별하여 번역했다.

데리다가 바로 이어서 소개하고 있는 《소피스트》에서 이방인은 파르메니

능하고 불법적인—지형도를 윤곽부터 소묘하느라 지체하고 있다. 근접성은 바깥으로부터 와서 자신을 포위하고 있는 다른 곳과 대립적이지는 않겠지만, '근접한 것[측근]의 근접'과는, [즉] 증오로 와해되는 이 친밀감의 견디기 힘든 궤도와는 대립적일 것이다. 만일 살해나 증오가 근접한 것을 배제하는 모든 것을 가리킨다고 할 수 있다면, 그것들이 타자성과의 본래적 관계를 내부에서부터 파괴해 버리는 한에서 그런 것이다. 유령이 망각을 불허함으로써 살아 있는

스트》*를 생각해 보자. 이방인은 용인될 수 없는 물음, 부친 살해적인 물음을 앞세우면서 파르메니데스의 명제를 반박하고, '우리의 아버지 파르메니데스의 로고스', [즉] '*ton tou patros Parmenidou logon*'을 물음 속에 놓는다[문제시한다]. 마치 이방인은 "존재l'être는 존재하는 것이고, 비존재le non-être는 존재하지 않는 것이다†"라는 아버지의 로고스가 지닌 위압적인 독단주의를 뒤흔드는 것 같다. 마치 이방인은 우두머리의 권위, 아버지의 권위, 가장의 권위, '집 안의 주인maître de céans'의 권위, 환대할 권력의 권위, [즉] 우리가 수차례 말했던 손님을-맞는-주인(*hosti-pet-s*)‡의 권위에

데스의 활동지였던 엘레아에서 온 외국인(아테네 기준으로는 다른 폴리스에서 왔으므로)이다. 실존했던 다른 여러 인물과는 달리 가공된 인물인 이 이방인은 소피스트와 정치가와 철학자가 같은지 다른지를 물은 소크라테스에 응답하고자 주도적으로 물음을 던지면서 토론을 이끌어 나간다. 그는 소피스트가 정치가나 철학자와 다르다는 것을 증명하기 위해 소피스트에게 "처음에는 존재하지 않았지만 나중에 존재하도록"(219b, 《소피스트》, 이창우 옮김, 아카넷, 2019, 27쪽) 하는 기술이 있다는 것을 논증하는 과정에서 파르메니데스의 명제를 부인하게 되는 상황에 이르게 된다. 결국 소피스트는 현명한 자를 모방하는 자에 불과하다는 것이 밝혀진다.

* 여기서부터 나오는 《소피스트》 인용문들은 데리다의 프랑스어 번역에 일차적으로 따랐지만, 해당 대화편의 국역본 중 이창우 번역의 《소피스트》(아카넷, 2019)도 참조하여 옮겼다.

† 'l'être'는 그리스어 'to on'이며 이창우 번역의 《소피스트》에는 대부분 '있는 것'으로 옮겨져 있다. 이 낱말은 《소피스트》 안에서도 생성과 변화, 존재와 속성 등의 관점에서 다양하게 고찰되면서 서양 형이상학 전체를 관통하는 사유의 핵심 대상이 되었다. 이 글에서는 먼저 소개된 하이데거적 '존재' 개념과 맥락을 맞추기 위해 '존재'로 옮겼다.

‡ 'hosti-pet-s'는 라틴어로 된 합성어 'hospes'를 분해한 말이다. 라틴어 사전에는 '손님을 맞는 주인'의 의미로 소개되고 있다. 조금 뒤에 데리다는 방

자들에게 자신을 상기하게 만드는 것처럼, 'Hostis'[1]는 환대에 응답한다. 데리다는 타자성의 방해로 자신의 평온함에 머무르지 못하는 한 주체의 근원적 신들림hantise을 칸트의 평화적 이성과 대립시킨다.

데리다가 소포클레스, 조이스, 칸트, 하이데거, 첼란, 레비나스,

1 '호스티스Hostis'는 라틴어로서, '주인/손님l'hôte'을 의미할 뿐 아니라 '적l'ennemi'을 의미하기도 한다.

이의를 제기하면서 [논의를] 시작해야 한다고 여기는 듯하다.

여기서 《소피스트》의 이방인은 기본적으로 소피스트 논법의 가능성을 해명해야 하는 자와 닮아 있다. 마치 이방인은 한 명의 소피스트를, 다시 말해 도시나 국가에 의해 소피스트로 취급될 누군가를 연상케 하는 특징들을 지니고 등장하는 듯하다. 즉 다른 사람들처럼 말하지 않는 누군가, 어떤 우스꽝스러운 언어를 말하는 누군가를 말이다. 그러나 크세노스는 부친살해자로 취급되지 않기를 청한다. "크세노스는 테아이테토스에게 말한다. '그러면 당신에게 더 큰 부탁을 하겠소. 내가 이를테면 부친살해자가 될 것이라고 간주하지 않았으면 하는 것이오.'" 그러자 테아이테토스는 묻는다. "무슨 말씀이오?" 이방인은 대답한다. "우리는 우리 자신을 방어하기 위해 어쩔 수 없이 우리의 아버지 파르메니데스의 명제(*logon*)에 의문을 제기해야 할 것이고, 그렇다면 비존재가 어떤 면에서는 존재한다는 것을, 그 다음에는 존재가 어떤 식으로는 존재하지 않는다는 것을 확립해야 할 것이오."

이것이 이방인의 가공할 물음, 혁명적인 가설이다. 그는 부친살해자임을 부인함으로써 자신을 변호한다. 그가 자신이 사실은 부친살해자라는 것, 잠재적으로 부친살해자가 될 것임을 마음속 깊이 느끼고 있지 않았다면, 그리고 "비존재

브니스트의 분석과 함께 라틴어 'hosti(s)'의 이중적 의미와 관련된 쟁점을 좀 더 자세히 분석한다.

블랑쇼, 카프카를 읽을 때, 그는 그들의 텍스트에 단지 하나의 이차적 반향만을 부여하면서 그것들을 들여오는 것이 아니다. 그는 자신이 작업하고 있는 테마를 가지고 그 텍스트들을 '강박한다.' 그러면 그때부터 그 테마는 사진 현상액 같은 방식으로 작용한다. 이러한 순간에 대해 증언해 주는 지점은 세미나에서 죽음 및 죽은 자들에게 베푼 환대의 관념에서 출발하여 《콜로노스의 오이디푸스》의 마지막 장면들을 해석하고 있는 곳이다. 데리다는 그 장면들이 [우가 존재한다"라고 말하는 것이 파르메니데스의 부성적 논리에 대한 도전, 이방인으로부터 온 도전으로 남게 될 것임을 마음속 깊이 느끼고 있지 않았다면, 그는 스스로를 변호할 생각을 하지 않았을 것이다. 모든 부친살해가 그렇듯이 이 부친살해는 가족 내에서 일어난다. 이방인은 어떻게 보면 그 자신이 가족의 구성원일 때에만 부친살해자일 수 있다. 아버지에 대한 모든 암시가 나타내는, 이 세대 차이 및 이 가족 장면의 어떤 함의에 대해서는 잠시 후 다시 보도록 하자. 테아이테토스의 대답은 여기서 번역으로 인해 약해져 버렸다. 그의 대답은 논쟁조의, 호전적이라고까지 할, 토론débat 이상의 것인 특징을 제대로 기입하고 있는데 말이다. ('토론'이란, 테아이테토스의 "*Phainetai to toiouton diamakheteon en tois logois*"라는 대답에 대한 관례적 번역이다. [그의 대답을 번역해 보면] "바로 거기에서 싸워야 하는(*diamakheteon*) 것은, 치열한 전투를 벌여야 하는 것은, **또는** 전쟁을 해야 하는 것은, 로고스들(*logois*)에서, 논증들에서, 담화들에서, 로고스(*logos*)에서 분명하다, 분명하게 나타난다, 분명해 보인다." 그러니 "바로 거기에서 우리가 토론을 벌여야 하는 것은 분명해 보인다"(241d)*라고 온화하게, 평화롭게 말하는 디에스의 번역처럼 말한 것은 아니다. 아니 훨씬 심각하[게

---

* 이창우 번역의 《소피스트》 83쪽에는 "그러한 것을 위해 우리의 논증 속에서 우리가 싸워야 하는 것은 분명해 보입니다"라고 옮겨져 있다. '그러한 것to toiouton'을 대신하여 프랑스어로 채택된 단어는 '거기là'여서 데리다가 쓰고 있는 '장소lieu' 개념과 연결된다.

리 시대와의] 절대적 동시대성을 지니고 있음을 강조한다. 그러면서 자신의 이야기에 귀 기울이고 있는 사람들에게 소포클레스 비극에 대한 이 이상한 '방문'의 필연성을 납득시키고 있다. 그는 사망했거나 생존해 있는 이 저자들을 불러내어 자신과 함께 하나의 테마 언저리를 같이 배회하고자 한다. 이 소환은 그 자신의 표현에 따르면 번역해야 한]다. "바로 거기에서, 무력 전쟁 내지 전투가 담화들이나 논증들 속에 있어야 할 것으로 보인다.") 로고스에 내재하는 전쟁은 바로 이방인의 물음, 이중 물음, 곧 아버지 대 아버지 살해자의 다툼이다. 또한 여기는 환대의 물음인 이방인의 물음이 존재의 물음과 접합되는 장소이기도 하다. 우리에게 익히 알려졌다시피, 《소피스트》는 [하이데거의] 《존재와 시간Sein und Zeit》을 여는 제사로 인용된 바 있다.

우리는 가능하다면 거의 모든 맥락을 재구성해야 할 것이다. 어쨌든 이어지는 다음 부분, 즉 이방인이 [테아이테토스의 위 대답에] 응수하는 장면만큼은 다시 읽어야 하겠다. 이 부분은 **맹목**과 **광기**를 동시에 불러일으키며, 맹목과 광기의 기이한étrange 동맹을 불러일으킨다.

우선 **맹목**을 보자. 테아이테토스의 대답("바로 거기에서 우리가 전쟁을 벌여야 하는 것은 분명해(*phainetai*) 보인다")에 대해, 이방인은 자기 차례에서는 더 수위를 높여 **"심지어 맹인에게도** 분명하다"라고 대답한다. 그는 이 대답을 다음과 같은 수사적 물음의 형태로 말한다. 그것은 물음의 가장simulacre, 영어로는 '레토리컬 퀘스천rhetorical question'이라고 불리는 것이다. "어찌 그것이 분명해 보이지 않겠소? 사람들이 말하듯, 심지어 맹인에게도 그것은 분명해 보이지 않겠소?(*kai to legomenon dè touto tuphlô?*)"

다음으로 **광기**를 보자. 크세노스는 그러한 전투를 벌이기에는, 아버지의 명제를 논박하기에는, 부친살해자가 될지도 모르는 그런 일을 하기에는 자신이 너무 유약하다고 말

"이 20세기 말 우리를 덮친 긴급한 사안들로부터"* 등을 돌리게 하지 않는다. 그와 반대로, 그는 이 긴급한 사안들과의 대결을 떠받치

* 이 책에 실린 데리다의 텍스트 73쪽을 참조할 것. 그러나 이 책에 실린 데리다의 텍스트는 세미나 이후 데리다 자신의 수정을 거친 것이므로, 뒤푸르망텔이 자신의 글에서 언급하고 있는 (세미나에서의) 데리다의 발언과, 그에 상응하는 데리다의 텍스트 속 문장이 완전히 일치하지는 않음에 유의할 필요가 있다. 이는 뒤푸르망텔이 데리다의 발언을 인용하는 다른 부분들에서도 마찬가지이다.

한다. 그는 필수적인 자신감을 가지고 있지 않다. 사실 부친살해자인 이방인이, 따라서 **이방인인 아들**이 어떻게 자신감을 가질 수 있겠는가? 부친살해자는 아들일 수밖에 없다는 점에서, '이방인인 **아들**'이라는 [이] 눈멀 것만 같으면서도 미칠 것만 같은 명증성을 강조하자. 사실 이방인은 자신이 비존재의 존재에 대해 제기하려고 벼르는 물음으로 인해, 자신이 사람들로부터 광인(*manikos*)으로 취급될까 봐 공포에 떤다. 그는 광인이자-이방인인-아들로 간주될까 봐 두려워한다. 번역은 이렇게 말한다. "그러니까 나는 그대가 나를 미친 자(문자 그대로 광인 [즉] *manikos*, 기인, 미치광이 maniaque)로, '완전히 돌아 버린 자(*para poda métaballôn emauton ana kai kato*, [번역해 보면] 발끝과 머리끝이, 위와 아래가 뒤집힌 광인, 두 발을 머리보다 위에 놓고 거꾸로 선 광인, 머리로 걷는 광인)'로 바라볼까 봐 두렵소."

이방인은 가공할 물음을 가져와서 제기한다. 즉 그는 로고스라는 부계적이고 합리적인 권위에 의해 문제시될 자신을 본다, 미리 본다, 미리 알고 있다. 로고스의 부계적 심급은 그의 무장을 해제시키려고, 그를 광인으로 취급하려고 벼르고 있다. 나아가 이 순간은 그의 물음, 즉 이방인**의** 물음이 심지어 맹인들에게도 분명할 수밖에 없다는 것을 상기시키려는 의도로만 논쟁하는 것 같은, 그런 순간이다.

이방인이, 눈먼 동시에 꿰뚫어 보는, 즉 맹인의 눈먼 자리에서 보는 부친살해자인 아들을 잠재적으로 형상화하고 있기에, 그는 우리가 잠시 후 국경을 넘는 것을 보게 될 오고 있다.

이 세미나에는 뚜렷이 들리는 어떤 정확성justesse이 있다. 그리고 내 생각에 이 정확성은 철학적 성찰을 강박하는 테마를 이렇게 운율에 맞춰 읽는 것에서 비롯할 뿐 아니라 사유와 말의 내밀한 일치에서도—그 둘의 일치된 리듬에서도—비롯한다. 하지만 그것은 또한 데리다가, 자신이 다루는 하나의 개념을, 그 개념을 떠받치는 수수께끼를 향한 반전反轉의 지점까지 밀어붙이면서 행하고 있이디푸스라는 이와 무관하지 않다. 왜냐하면 안티고네―그를 대신해서 보는 이―에게 의지하는 이 눈먼 이방인이 도착할 때부터 오이디푸스의 도착이 문제가 될 터이며, 그의 도착이 바로 물음이 될 터이기 때문이다. 때가 되면, 우리는 오이디푸스가 그 도시에 도착하는 순간 그를 [우리의 논의에] 소환할 것이다.

그때까지 플라톤에 좀 더 머무르기 위해 《정치가》* 도 다시 읽어보기로 하자. 여기서도 이방인이 가공할 만한, 용인되기 어려운 물음을 주도하고 있다. 게다가 이 이방인은 머물 곳을 제공받는 등, 겉으로는 잘 맞아들여지고 있다. 그에게는 환대를 받을 권리가 있는 것이다. 대화의 첫마디에서 소크라테스가 한 말은 분명, 자신에게 테아이테토스를 소개해준 데 대해 테오도로스에게 감사를 표하는 말이었다. 그러나 또한 동시에 그 이방인을 소개해준 데 대해 감사를 표하는 말이기도 했다(“*ama kai tes tau xenou*”). 그리고 그 이방인이 대전투이기도 할 이 대토론을 개시하고자 그들에게 건넬 물음은, 정치가에 대한 물음, 정치적 존재로서의 인간에 대한 물음 이외의 다른 것

---

* 플라톤의 저서. 국역본은《정치가》, 김태경 옮김, 한길사, 2000 참조함. 이 대화편의 이방인은 《소피스트》에 등장하는 이방인과 같은 사람으로 설정되어 있다. 플라톤 후기 대화편의 특징이기도 한데,《소피스트》와《정치가》 모두 소크라테스가 아니라 이방인이 이야기를 주도한다. 소피스트에 대한 비판 이후 실천적인 지식과 관련된 정치가에 대한 이야기로 넘어간 것이다. 소피스트와 구별되고자 했던 소크라테스는, 이어지는 대화편들에서 이방인이자 정치가이며 나아가 철학자라는 것이 드러난다.

는 한계로의 이행에서 비롯하는 것이기도 하다.

그래서 우리는 세미나들의 일부라도 원래 모습 그대로 전달하는 것이 중요하다고 생각했다. 우리는 거기서 데리다의 성찰이 발언되고 있을 때의 이 독특한 리듬을 듣는다. 그것은 그가 끈기 있는 귀금속 세공사처럼 작업하는 글쓰기에서와는 매우 다른 리듬이다. 또 우리는 두 개의 강의만 떼어내는 것도 무방하다고 생각했다. 왜냐하면 이 '떼어낸 두 개의 강의'에는 (하나의 작품이 작품의 각 부분이 아닐 것이다. 그뿐 아니라, 정치적 인간에 대한, 정치가에 대한 그 물음은 소피스트에 대한 물음에 **뒤이은** 것이다. 왜냐하면 대화편《정치가》는 플라톤의 작품 및 담화에서 시간적으로나 논리적으로나, 즉 연대기적-논리상《소피스트》 바로 다음일 것이기 때문이다.《정치가》에서 이방인의 계획된-물음question-programme이란 바로 소피스트에 대한 물음에 이은 정치가에 대한 물음인 것이다. 크세노스는 이렇게 말한다(258b). "자, 소피스트에 이어 우리가 연구해야 할 것(*diazetein*)은 정치가(정치적인 사람, *ton politikon andra*)요. 그런데 우리가 그를 지식을 가진 자들(*tôn epistemonôn*)에 속한다고 분류해야 할지를 나에게 말해줄 수 있겠소?" 그렇게 분류해야 한다고 젊은 소크라테스*, 즉 또 다른 소크라테스는 대답한다. 그에 따라 이방인은, 그들이 이전의 인물 즉 소피스트를 연구하면서 그랬던 것처럼, 학문들을 나누면서 [탐구의 논의를] 시작해야 한다고 결론짓는다.

때로 이방인은 소크라테스 자신이다. 즉 소크라테스는 물음과 반어(다시 말해 '반어'라는 단어가 또한 의미하고자 하는 바인 물음의 '반어')로† 혼란스럽게 하는 사람, 산파술적

---

* 플라톤의《정치가》에는 소크라테스와 함께, 소크라테스의 동명이인인 젊은이가 등장한다.

† 《표준국어대사전》에 따르면 '반어irony'는 우선 "원래의 뜻과는 반대로 말하여 문장의 의미를 강화하는 수사법"이다. 하지만 이 글에서 제시하는 것은 반어의 "철학적 사용"이다. 즉 소크라테스의 대화술처럼 무지자를 가장하여 "상대편이 틀린 점을 깨치도록 반대의 결론에 도달하는 질문을 하여 진리로 이끄는

들에 다 포함되어 있듯이) 환대에 관한 모든 문제틀이 이미 제시되어 있는 데다, 합리적 폭력과 이 사유에 유일성과 고유한 특성을 부여하는 우정 사이의 간격 또한 이미 제시되어 있었기 때문이다.

데리다 스스로도 환대와의 관계를 고려하면서 세미나에서 해야 할 말을 염두에 두어야 하는 어려움을 환기한 바 있다. 그는 "내가 하고 싶지 않은 말이나 할 수 없는 말, 하지-않은 말, 금지된 말, 침묵 속에 지나간 말, 끼어든 말 등을 해석하는 것이 중요할 것이다"

인 물음을 묻는 사람이다. 소크라테스 자신이 이방인의 특징들을 지니고 있다. 그는 이방인을 대표하고, 이방인을 형상화하며, 이방인이 아니면서 이방인 **역할을 한다**. 그는 우리의 관심을 강하게 끄는 한 장면에서 특히 그렇게 한다. [참고로] 이 장면에 대하여 앙리 졸리가, 내가 여러분에게 일독해 보길 권한 바 있는 그의 아름다운 유고 《이방인들의 물음La question des étrangers》(Vrin, 1992)* 첫 부분에서 다루고 있다.

《소크라테스의 변론》(17d)을 보면, 소크라테스는 자신의 변론을 시작하는 부분에서 아테네의 시민들과 재판관들을 향해 말한다. 그는 자신이 일종의 소피스트도 능숙한 달변가도 아니라며 스스로를 변호한다. 그는 예고하길, 자신을 고발한 거짓말쟁이들에 맞서 올바르고 참인 것을 분명 말하겠지만, 그 말에 수사학적 우아함이나 유려한 미사여구는 없을 것이라고 한다. 그는 재판정의 판사 앞에서 [하는] 법정 담화에서는 자신이 '이방인'이라고 선언한다. 그는 이 법정의 언어를, 다시 말해 권리, 고발, 변호, 변론의 수사법을 구사할 줄 모른다. 그에게는 그런 기술이 없으며, **마치** 한 명의 이방인**과 같다**는 것이다. (우리가 여기에서 다루고 있

일종의 변증법"을 가리킨다.

* 정식 제목은 *Études platoniciennes: la question des étrangers*이다. 1장인 'Platon et la question des étrangers'를 보면, 지금 소개될 내용인 《소크라테스의 변론》을 포함한 플라톤의 여러 대화편과 이방인 문제에 관한 논의가 나와 있다.

라고 강조했던 것이다. "이곳들에서 우리는 환대와 물음 사이의 관계를 여는 물음을 재발견한다. 다시 말해 이름으로 시작하는, 이름에 대한 물음으로 시작하는, 아니 차라리 물음도 없이 개시되는 환대를 여는 물음을 재발견한다…." 그리고 또한 "우리는 자기 고유의 지식을 풀어낼 열쇠들을 가지지 못하고 그 지식을 자기 것으로 가져오지 못한 사람이 주는 가르침이 무엇일지에 대해 상상해볼 수 있을 것이다. 그는 그 열쇠들을 타자에게 넘겨 말이 고립에서 벗어는 중대한 문제들problèmes 중에는 언어 구사에 능숙하지 못한, 자신을 맞아들이거나 추방하는 나라들의 법권리droit* 앞에서 무방비 상태인 이방인의 문제가 존재한다. 이방인은 무엇보다 환대의 의무를 정식화하는, 다시 말해 [다른 나라에게 보호받을] 비호권le droit d'asile과 그것의 한계, 규범, 감시 등을 정식화하는 법권리의 언어 앞에서 이방인이다. 그는 정의상 그의 것이 아닌 언어로, 집주인maître de maison, [손님의] 주인 hôte†, 왕, 영주, 권력, 국민, 국가, 아버지 등이 그에게 강제하는 언어로 환대를 청해야 한다. 이들은 자신의 고유한 언어로의 번역을 이방인에게 강제하는데, 이것이야말로 첫 번째 폭력이다. 환대에 관한 물음은 바로 거기서 이렇게 시작된다. 이방인을 우리 편에 맞아들이기 전에, 또 맞아들일 수 있기 위해, 이방인에게 우리를 이해하라고, 우리의 언어—이 말의 모든 가능한 확장들 속에서 이 말이 지닌 모든 의미를 포함하여—로 말하라고 요구해야 하는 것일까? 이방인이 이미 우리의 언어를 말하고 있었다면, 그리고 그 언어가 함의하는 모든 것과 더불어 그

* 프랑스어에서 'droit'는 '법'과 법에 의해 보호되는 '권리'를 모두 의미하며, 개념으로서의 법, 추상적인 법을 의미한다. 한편 'loi'도 '법'을 의미하는데, 이 경우에는 구체적인 법률이나 법칙으로서의 법을 의미한다. 그 둘을 구별하기 위해 'droit'를 주로 '권리'로 옮겼지만, '법'의 맥락에서 쓰이는 경우에는 '법'으로 옮기고 원어 'droit'를 병기했다. 다만 여기서처럼 법과 권리를 동시에 의미한다고 판단되는 경우는 '법권리'로 옮겼다.

† 프랑스어 'hôte'가 등장하는 첫 부분이다. 이 단어에는 '주인'이라는 의미와, 그에 상대되는 '손님'이라는 의미가 모두 있다. 한국어로 옮기면서는 문맥에 맞춰 '주인'이나 '손님'으로 옮겼다. 데리다가 직접 '주인'인지 '손님'인지 괄호 속에 구별한 경우는 데리다가 쓴 원어를 병기했다.

날 수 있도록 그 장소에 자리를 내어줄 것이다."

이러한 "장소에 자리를 내어주기"야말로 이 말에 묶여 있는 약속인 것으로 보인다. 또 이 말로 인해 우리는 장소에 대한 물음을 우리 문화의 역사에 대한 근원적인, 창설적인, 사유된 적 없는 물음인 것으로 이해하게 된다. 그러한 사유가 인간에게 일어나리라고 보는 것은 망명에 동의하는 것, 달리 말해 태생적(내가 거의 모태적이라고 말하는 의미의) 관계 속에 있지만 그럼에도 장소 및 거처에 언어와 공유되는 모든 것을 우리가 이미 공유하고 있었다면, 그 이방인은 그래도 이방인일까? 그런 주체에게도 비호나 환대를 말할 수 있을까? 우리는 이 역설이 더 명확해지는 것을 보게 될 것이다.)

소크라테스가 이 게임에서 자기 목숨을 걸고 있으며 곧 목숨을 잃게 될 그런 순간임을 잊지 말자. 그 순간 소크라테스는 무슨 말을 하는가? **마치** 한 명의 이방인이 된 것**처럼** 자신을 이방인이라고 허구적으로 소개하면서 그는 무슨 말을 하는가? 그와 동시에 그 언어(그가 무엇이라고 말하든 노련한 법정 부인否認에 의해 자청까지 하게 될 조건인)로 인해 사실상의 이방인이 되었다는 **점에서** 자신을 이방인으로 소개하면서 그는 무슨 말을 하는가? **마치** 그 자신은 말할 줄 모르는 언어로 고발당한 이방인, 그 도시의 법권리와 재판관들 앞에서 타자의 언어로 스스로를 변호하도록 소환된 피고인인 것**처럼** 자신을 이방인으로 소개하면서 그는 무슨 말을 하고 있는가? 결국 그는 동료시민들에게, 아테네의 재판관들에게, 때로는 '재판관들'이라고 때로는 '아테네인들'이라고 부르면서 말을 건넨다. 그들은 재판관들로서, 자기 시민권의 이름으로 말하는 시민들로서 말한다. 소크라테스는 상황을 뒤집는다. 그는 자신을 존중받아 마땅한 이방인처럼 대우해 달라고 그들에게 청한다. 너무 나이가 들었기 때문에라도 이방인이고, 그의 언어, 그 자신의 입에 익은 그 유일한 언어 때문에라도 이방인이라면서 말이다. 그의 언어는 철학의 언어이기 때문이다. 아니면 차라리 (판사들이나 소

대해서는 미결 상태에 있겠다는 것에 동의하는 것이 될 것이다. 묘소, 이름, 기억, 언어에 서식하는 광기, 망명, 문턱에 대한 데리다의 명상들은, 주체가 무엇보다 주인/손님임을 재인할 것을 주체에게 권유하는 장소에 대한 이 물음에 보내는 기호들과 같다.

피스트 학파의, 수사학이나 법리 논쟁에 쓰이는 유식한 언어와 반대되는) 일상의 언어, 대중의 언어이기 때문이다.

아니오. 나는 그때그때 생각나는 표현들 그대로 말할 것이오. 내가 말하려는 것은 모두 정당하오. 그에 대해서 나는 확신하고 있소. 나에게 그 밖의 다른 것은 기대하지 않기를 바라겠소. 판사님들! 내 나이 정도 되는 사람이 젊은 사람들처럼 말을 꾸며대는 것은 별로 어울리지 않을 것이오. 아테네인들이여, 여러분께 청하여 양해를 구하고자 하는 점이 있소이다. 내가 장터의 군중 집결지에서나 다른 장소에서 말하는 것을 여러분 중 많은 분들이 들으셨겠지만, 내가 그때 버릇이 된 그런 말투로 변론하는 것처럼 여러분에게 들리거나 표현된다고 하더라도 내게 야유를 보내지는 말아 달라는 것이오. 여러분도 알다시피, 내가 재판정 앞에 출두한 것은 칠십 평생 오늘이 처음이오. 그러니 이곳 언어에는 완전히 이방인이오. ("완전히 이방인"이 들어 있는 그리스어 원문은 "*atekhnôs oun xenos ekho tes enthade lexeos*"이다. 여기서 오메가가 포함된 '*atekhnôs*'는 '단순히, 완전히, 절대적으로'를 의미하므로 "완전히 이방인"이라고 번역한 것은 올바르다. 그러나 그렇게 되는 이유는 그 말이 우선 '단순히, 꾸밈없이, 기교(*tekhnè*) 없이'를, 즉 오미크론이 포함된 '*atekhnos*'에 매우 가까운 의미인, '경험 없이, 기교 technique 없이, 솜씨 없이, 수완 없이'를 의미하기 때문이다. 따라서 "나는 단순히 이방인이오. 즉 솜씨 없고 방책 없

말의 운동들

말에 들어 있는 정확성을 이해하는 것[*]은 말의 발걸음에 대한, 다시 말해 말을 하기 위해 필요한 말의 리듬과 시간에 대한 측정을 하지 않고서는 어려운 일이다. "진리의 '어떻게'야말로 정확히 진리

* '듣기'와 '이해하다'의 뜻을 동시에 지니고 있는 'entendre'는 문맥에 따라 번역을 달리했지만, 두 가지 뜻을 동시에 지니고 있을 때가 많다.

고 자원도 없는, 순전히 단순한 한 명의 이방인이오"가 될 수도 있다. — 데리다〕 그런데 내가 실제로 이방인이었다면〔*ei tô onti xenos etugkamon ôn* — 데리다〕, 여러분은 내가 어린 시절의 악센트와 방언을 섞어 말하더라도 분명 개의치 않았을 것이오. 〔악센트는 '*phonè*'를 옮긴 것이다. 그리고 방언 또는 개인어는 '*tropon*', 비유, 말투를 옮긴 것이다. 이것들은 말버릇에 속해 있는 수사적인 표현들, 한마디로 말하는 방식들이다. — 데리다〕"[1]

이 단락은 우리에게 다른 점도 가르쳐 준다. [앞서 언급했던 앙리] 졸리는 내가 곧바로 인용할 방브니스트[†]처럼 그

---

1 Platon, *Apologie de Socrate*, 17 c-d, trad. M. Croiset, Éditions Budé. 〔**다음의 간단한 메모만 남아 있는, 즉 즉흥적 전개의 요약이다.** "나중에 주석을 붙이고 길게 설명하더라도 일단 주목해야 하는 점들은 다음과 같다. 동일한 국민 언어 내부에 있는 언어들, 코드들, 함축들 사이의 사회문화적인 차이, 그 언어에 포함된 언어들, 친숙성domesticité에 들어 있는 '낯섦étrangèreté'의 효과들, 동일한 것에 들어 있는 낯선 것이 그것이다. 하나의 언어 안에서 많은 언어들이 말해질 수 있다. 이로부터 잠재적이거나 우회적인, 표명되었거나 지연된 등등의 분열들, 긴장들, 갈등들이 나온다. — 데리다〕 [이 인용문을 한국어로 옮기는 데는《에우티프론, 소크라테스의 변론, 크리톤, 파이돈》, 박종현 옮김, 2003, 서광사, 98-99쪽 부분을 참조했지만, 데리다가 여기서 인용한 프랑스어 번역본에 주로 맞추어 옮겼다.]

† 에밀 방브니스트(Émile Benveniste, 1902-1976)는 유대계, 시리아계 프랑스인 언어학자이다. 데리다는 여기서 방브니스트의 *Le Vocabulaire des instutions indo-européennes*(Les Éditions de Minuit, 1969)를 참조하고 있다(해당 책의 국역본으로는《인도유럽사회의 제도.문화 어휘 연구》1 · 2, 김현권 옮김, 그린비, 2014/2016). 덧붙여, 국립국어원 외래어표기법에 따르면 'Benveniste'는 '뱅베니스트'로 표기해야 하지만, 여기서는 현실적으로 프랑스어 발음에 가깝게 표기되는 관례를 따라 '방브니스트'로 옮겼다.

이다"[1]라고 키르케고르는 썼다. 따라서 나는 해설이라는 비생산적 작업에 매달리기보다는 데리다 사유에 고유한 이 '어떻게'에 귀 기울이고자 한다. 니체는 이렇게 주장했다. "사람에게 이중의 시각이라는 재능이 주어져 있다고 말하는 것과 같은 의미에서 철학자에

---

1 [쇠렌 키르케고르, 《철학적 단편에 부치는 비학문적인 해설》.] S. Kierkegaard, *Post-scriptum définitif aux Miettes philosophiques*, Éditions de l'Orante, Œuvres complètes, t. XI, p. 22.

점을 환기한다. 말하자면 아테네의 이방인은 여러 권리를 가지고 있었다는 것이다. 이방인은 재판정을 이용할 권리를 인정받았다. 왜냐하면 소크라테스가 [다음과 같이] 가정했[던 것을 보아도 알 수 있]기 때문이다. 그는 이렇게 말한다. "내가 만일 여기, 재판정에서 이방인이었다면, 여러분은 내 악센트와 내 목소리와 내 말투는 물론이고 내 즉흥적이고 본래 지니고 있는 관용적인 수사법에서 비롯된 표현방식들도 용인했을 것이오." 따라서 이방인들의 권리, 아테네에 있는 이방인들을 위한 환대의 권리가 존재한다는 것이다. 어떤 점이 소크라테스적인 수사법, 아테네 사람 소크라테스가 하는 구술 변론의 미묘한 지점인가? 그것은 자신이 심지어 이방인으로도 대우받지 못한다고 불평하는 점에 있다. "만일 내가 이방인이었다면, 여러분은 내가 여러분처럼 말하지 않는 점에 대해 좀 더 관용적으로 받아들였을 것이오. 내 말버릇에 대해, 전문적이지도 법률적이지도 못한 내 말하는 방식에 대해, [하지만] 더 대중적이면서도 더 철학적인 방식을 내가 가지고 있다는 점에 대해서도 말이오." 이방인 즉 크세노스가 단순히 완전히 배척되고 이질적인 절대적 타자, 야만인, 미개인이 아니리라는 것, 이 점은 또한 조금 전에 언급한 글에서 방브니스트가 'hostis'[호스티스]라는 단어의 일반성과 그 역설적 계통에 이어 그리스의 제도들에 대해 논할 때 환기시키는 것이기도 한데, 우리도 앞선 세미나들 때 여러 번 말했던 내용이다. 교환에서의 '대對, contre'라는 단어의 상호성과 평등성이라는 주제에 대해 지난번에게 이중의 청각, 다시 말해 더없이 섬세한 두 귀가 필요하다." 니체가 자기 작품에 요구했던 것이 바로 말의 속살에 대한 민감한 주의력이다. "오 인간이여, 오 너 더욱 지체 높은 인간이여, 주의를 기울여라. 이 담화를 너의 예민한 귀에 건네도록 하라. 너의 귀에. 깊은 한–밤이 무엇이라고 말하느냐?"[1] 우리는 거의 들리지 않는 것을

[1] [프리드리히 니체, 《차라투스트라는 이렇게 말했다》 중 〈몽중보행자의 노래〉.] F. Nietzsche, *Ainsi parlait Zarathoustra,* « Le chant du marcheur

우리가 논의한 바 있는 (이에 대해 재론하지는 않을 텐데) 이 논증의 논리에 따라, 방브니스트가 강조하는 것은 다음과 같다. "동일한 제도가 다른 이름으로 그리스 세계에 존재한다. '크세노스'는 협정으로 연결된 사람들 간의 동일한 관계 유형을 가리키는데, 이 협정은 후손들까지 이어지는 구체적인 의무들도 포함한다."

우리가 바로 평가하겠지만, 이 마지막 지점은 결정적이다. 이방인**에게** 구속되고 **역으로** 이방인**을** 구속하는 이 협정이, 이 환대의 계약contrat이 개인을 넘어 유효한지, 그리고 그렇게 가족으로 세대로 계보로 확장되는지의 여부를 아는 것이 중요하다. 이와 연관되어 있긴 하지만, **출생** 때부터 지니는 권리인 국적 내지 시민권—여기서는 땅에 저기서는 피에 묶여 있는—이라는 고전적인 문제는 여기선 중요한 것이 아니다. 출생과 국적 사이의 연관만 중요한 것이 아니다. 시민권을 이전에 소유하지 못한 누군가에게 시민권을 제공하는 것만 중요한 것이 아니라, 이방인 자체에게, 이방인으로 거처하는 이방인에게, 이방인의 처자식과 가족과 후손들에게 권리들을 주는 것 또한 중요한 것이다.

한 세대를 넘어서서 영향을 미치는 이 가족적 혹은 계보학적 권리에서 우리가 생각해 봐야 할 것은, 권리나 '협정'의 확장이 여기서는 사실상 중요하지 않다는 것이다. ('협정'은 약속의 상호성을 강조하고자 하는 방브니스트의 단어를 사용한 것이다. "이방인은 권리만을 가지고 있는 것이 아니라, 사람들이 잘못된 행위에 대해 그를 비난하려 할 때마다 많은 경

지각하는 법을 배워야 한다. 왜냐하면, 니체가 덧붙이길, “체험된 경험에 의해서는 접근하지 못했던 것을 듣기 위한 귀가 사람들에게 없기 때문이다. 새로운 경험의 질서에 대해 최초로 말하는 새로운 언어가 존재한다고 상상해 보자. 이 경우 극히 단순한 현상이 일어

---

de nuit », trad. M. de Gaudillac, Paris, Gallimard, 1971, Œuvres complètes, t. VI, p. 341–342. [국역본은 《책세상 니체전집 13권》, 책세상, 2000, 525쪽 참조함.]

우 떠올리듯이, 역으로 의무 또한 가지고 있다.") 여기서 개인적인 권리를 단순히 확장하는 것, 즉 개인에게 일차적으로 부여된 권리를 가족과 세대들에게까지 넓히는 것이 중요한 것이 아니다. 이러한 것이 성찰하게 하는 바, 이러한 것이 우리로 하여금 성찰하도록 만드는 바는, 환대에의 권리가 하나의 집을, 하나의 혈통을, 하나의 가족을, 하나의 가족적 혹은 인종적 집단을 맞이하는 다른 하나의 가족적 혹은 인종적 집단을 구속한다는 사실이다. 정확히 환대에의 권리는 하나의 권리, 하나의 관습, 하나의 에토스(*ethos*), 하나의 인륜성Sittlichkeit에 기입되어 있기 때문에, 우리가 바로 지난번에 말한 바 있는 이 객관적 도덕성은 계약 당사자들의 사회적이고 가족적인 지위를 전제하며, 그들이 자신의 이름으로 불리고 하나의 이름을 가질 가능성을 전제하며, 이름 붙일 수 있는 신원identité 및 고유명을 부여받아 심문받고 처벌받을, 책임을 지우고 책임을 질 권리의 주체들이 될 가능성을 전제한다. 고유명이야말로 순수하게 개인적인 것이 결코 아니다.

이 의미심장한 상황에 잠시 머무르고자 한다면, 다음의 역설 또는 모순에 한 번 더 주목해야 할 것이다. 즉 자기 가족의 이름으로 대표되고 보호되는 '가족으로서의' 이방인에게 제공되는 이 환대의 권리는 아울러, 이방인에 대한 환대나 환대 관계를 가능하게 함과 동시에 그것을 제한하고 금지하는 것이기도 하다는 것이다. 왜냐하면 이러한 조건들에서 사람들은 익명의 도착자arrivant, [즉] 이름도 성도 가족

난다. 저자가 말하는 바를 사람들이 전혀 이해하지 못하고 전혀 이해하지 못하니 들을 것이 아무 것도 없다는 착각을 하는 것이다."[1]

세미나를 들으면서 받은 첫 번째 인상은, 사유의 운동 자체가 들릴 수 있도록 해주는 악보 연주를 듣고 있다는 것이었다. 사유가

---

1 [프리드리히 니체, 《이 사람을 보라》.] F. Nietzsche, *Ecce Homo*, Paris, Gallimard, 1974, réimp. 1990, Œuvres complètes, t. VIII, p. 277. [국역본은 《책세상 니체전집 15권》, 책세상, 2002, 377쪽 참조함.]

도 사회적 지위도 없는 누군가, 또한 그렇기에 한 명의 이방인이 아니라 또 다른 야만인으로 간주되는 그런 누군가에게는 환대를 베풀 수 없기 때문이다. 우리가 암시한 차이는 이방인과 절대적 타자 사이에 있는 미세하고 때로는 포착 불가능한 차이들 중 하나로서, 절대적 타자에는 이름과 성이 없다는 점이다. 그래서 내가 그에게 제공하고자 하는 절대적이거나 무조건적인 환대는 통상적 의미의 환대와의 단절, 조건적인 환대와의 단절, 환대의 권리나 환대의 협정과의 단절을 전제한다. 이렇게 말할 때 우리는 돌이킬 수 없는 타락 가능성pervertibilité*을 한 번 더 염두에 두는 것이다. 환대의 일반 개념을 지배하는 환대의 법, [즉] 형식적 법은 [스스로] 타락하거나 [다른 것을] 타락하게 만드는 역설적 법처럼 나타난다. 이 법은 절대적 환대에게 권리나 의무로서의 환대의 법, 즉 환대의 "협정"과 단절할 것을 명령하는 듯하다. 이를 다르게 표현하자면, 절대적 환대는 나에게 내-집을 개방할 것을, 또 (가족의 성과 이방인의 사회적 지위 등을 갖춘) 이방인에게만 향할 것이 아니라 절대적인, 미지의, 익명의 타자에게도 향할 것을, 그리고 그에게 **장소를 제공할** 것을, 그를 오게 내버려 둘 것을, 그가 도착하도록 내버려 둘 것을, 내가 그에게 제공하는 장소에다 자리를 가지게 둘 것

---

* '타락 가능성'은 'pervertibilité'를 옮긴 것이고 좀 더 뒤에 소개되는 '도착증'은 'perversion'을 옮긴 것이다. 데리다는 'perversion'과 'pervertibilité'를 이 책에서 여러 차례 연속적으로 사용하고 있다. 권리나 의무 형태의 환대 협정을 가능하게 하는 동시에 불가능하게 하는 절대적 환대의 법을 정신분석학에서 말하는 '도착증'과 같은 차원으로 보는 것은 5강의 후반부에 소개된다.

전개되는 순간 자체에서 모든 일은 마치 사유하고 있는 사유에 우리가 직접 참여하고 있는 것처럼 진행된다. 이렇게 큰소리로 철학하는 사람은 매끈하고 일의적인 짜임을 풀어내는 것이 아니라 그 짜임의 찢어진 부분들을 그대로 드러낸다. 그는 경악을, [즉] 두려움에 사로잡혀 성찰로부터 단절되는 사태를 용인한다.

왜 두려움인가? 이 단어는 단지 경악하게 하는 것만을 표현한다고 보기에는 너무 과격한 표현으로 보인다. 하지만 사실상 문제을 요구한다. 그에게 (협정의 관문이 될) 상호성이나 그의 이름조차 요청하지 않고서 말이다. 절대적 환대의 법은 권리의 환대와 단절할 것을, 권리로서의 법이나 정의와 단절할 것을 명령한다. 정의의 환대가 권리의 환대와 단절한다는 것은 전자가 후자를 단죄하거나 그와 대립한다는 것이 아니라 반대로 전자가 진보의 부단한 운동에다 후자를 올려두고 후자를 유지시킬 수 있다는 것이다. 하지만 정의가 권리에 매우 근접해 있고 사실상 분리 불가능하면서도 이질적인 것처럼, 정의의 환대는 권리의 환대와 기이하게도 이질적인 것이다.

그런데 "그였다면 최소한 여러분은 그를 존중했을 것이오. 여러분은 그의 악센트와 방언을 용인했을 것이오"라고 소크라테스가 말할 때의 이방인, [즉] 크세노스, 또는 방브니스트가 말한 바에 따르면 협정에 들어오는 자, 칸트에서 그리고 우리가 읽고 또 읽은 텍스트에서 그 가장 강력한 형식을 발견할 세계시민적 전통을 지닌, 환대에의 권리를 소지한 이 이방인은 결국, 사람들이 그에게 이름을 물으면서 그를 받아들이기 시작할 때의 이방인인 것이다. 그래서 사람들은 재판정에 선 증인에게 하듯이 그에게 신원을 묻고 그것을 보증하라고 명령한다. 이방인은 사람들이 그에게 물음을 던지고 요구를 제기하는 사람인 것이다. 첫 번째 요구, 최소한의 요구는 "네 이름은 무엇인가?"이며, 더 자세히는 "너는 나에게 네 이름을 말하고 이 요구에 대답하면서 네 자신을 증명해라, 너는 법 앞에, [너를 맞아들이는] 주인들 앞

되는 것은 말 자체의 파괴적이거나 위압적인 효과에 의해 생긴 두려움이 아니라, 말이 파악하고 대면해 있는 미지의 것인 이 공간이다. 그 앞에서 말은 우리를 놀라게 하여 한순간 멈춰 서게 만드는 것이다. 한 악보 내부에 있는 쉼표들이 멜로디 선율과 그 선율을 받쳐 주는 침묵 간에 서로 대화하게 만드는 것처럼, 철학적 말은 주어진 순간에 그 명증성이 더 잘 떠오르게 하기 위해 추론의 정확한 논리와 결합한다. 여러 길들이 결정 불가능하게 교차하는 이 순간에 책임이 있다, 너는 권리의 주체다"가 된다.

이 물음은, 물음의 물음으로서의 이방인**에 관한** 물음을 그 가능한 방향 중 하나에 따라 물어본 것이다. 환대는 도착한 자에 대한 심문에서 성립하는가? 오고 있는 자에게 건네는 물음에서 시작되는가? (환대가 사랑과 연관되어야 한다고 가정하면, 이 물음은 매우 인간적이고 때로는 애정 어린 것처럼 보인다. 이 수수께끼는 잠시 유보할 것이다.) "네 이름은 어떻게 되니? 내게 네 이름을 말해다오, 내가 너를 어떻게 불러야 할까? 너를 부르는 나, 너를 네 이름으로 부르려는 나, 그런 내가 너를 뭐라고 부를까?" 또 이 물음은 사람들이 종종 아이들이나 사랑하는 사람들에게 다정하게 청하는 그런 것이기도 하다. 아니면 차라리 환대는 이중의 소거, 즉 물음 **및** 이름의 소거로 이루어진 물음 없는 환영[맞아들임]에서 시작될까? 무엇이 더 정당하고 더 애정 어린 것일까? 묻는 것일까, 아니면 묻지 않는 것일까? 이름으로 부르는 것일까, 아니면 이름 없이 부르는 것일까? 이름을 주는 것일까, 아니면 이미 주어진 이름을 배우는 것일까? 우리가 환대를 제공하는 자는 한 명의 주체, 식별 가능한 한 명의 주체일까? 자신의 이름으로 식별 가능한 한 명의 주체, 법권리의 주체일까? 아니면 차라리 환대는 타자를 스스로 **받아들이는 것일까**, 타자에게 자신을 **내어주는 것일까**? 그 타자가 자신을 확인해 주기도 전에, 심지어 주체(로 정립되거나 가정된 주체), [즉] 권리의 주체이며 자신의 성씨 등과 같은 것에 의해 명명 가능한 그런 주체이기도 전에 말이다.

을 보통 아포리아라고 부른다.

우리가 미지의 장소에 들어갈 때 느끼는 감정은 거의 항상 규정하기 어려운 불안의 감정이다. 그 이후 미지의 것에 대한 길들이기 작업이 서서히 진행되어 불편함이 점차 희미해진다. '전혀 다른' 것의 난입으로 우리에게 두려움이 엄습하지만, 그러고 나서 새로운 따라서 환대의 물음은 또한 물음의 물음이기도 하다. 하지만 동시에 세대[를 가능하게 하는] 가설을 이루는 주체와 이름의 물음이기도 하다.

방브니스트가 'xenos'[크세노스]를 정의하고자 하면서 'xenia'[크세니아]*에서 출발한 것은 결코 우연이 아니다. 그는 크세노스를 크세니아에, 즉 협정에, 계약 또는 세상이 그렇게 일컫는 집단 결연에 기입한다. 사실상 크세노스는 없다. 크세니아 이전이나 바깥에, 어떤 집단, 더 정확히는 어떤 가계와 맺은 이 협정 또는 교환의 이전이나 바깥에 이방인은 없다. 헤로도토스는 [그리스 사모스의 참주] 폴리크라테스가 [당시 이집트의 파라오] 아마시스와 크세니아(협약un pacte)를 체결했고 서로에게 선물들을 보냈다고 말했다. "*pempôn dôra kai dekomenos alla par'ekeinou*('상호간에 선물을 주고받음으로써'), *xenien sunethekato*('*xenien*'은 '협약'의 동사형이니, '그들은 협약으로서의 크세니아를 체결했다')." 방브니스트를 다시 읽어보면, 우리는 동일한 유형의 다른 예들을 발견할 수 있을 것이다. 이 제사題詞를 끝맺기 위해 소크라테스가 흔히 하던 말을 떠올려 보자. 그는 다른 곳에서도 이 이방인의 입장을 취하는데, 그것은 정확히, 그렇게 말할 수 있다면 물음의, 다시 말해 물음과 대답이 역전된 기이한étrange 장면에서 그렇다. 도시의 법과 권리에 대

* 'xenia'는 고대 그리스 세계에 존재했던, 호혜에 바탕을 둔 손님(이방인) 환대의 관습을 의미한다. 이 관습은 공고히 제도화된 것이어서 사실상 '주인'과 '손님' 쌍방 간 '협약'처럼 기능했다.

친숙함이 따라오는 것이다. 만일 현실계le réel*에서 신체가 직접 인지하지 못하는 것과 마주침으로 인해 신체가 가장 원초적인 본능의 반응들에 붙들린다면, 어떻게 사유는 경악 없이 타자를, 전혀 다른 타자를 파악한다고 실제로 주장할 수 있을까? 그런데 사유는 본

* 'le réel'을 '현실'로 옮기기보다는 뒤푸르망텔의 정신분석학적 배경을 감안하여 라캉적 의미의 '현실계'로 옮겼다. 라캉적 의미에서 'le réel'은 '실재계'라는 번역어를 사용하는 경우도 많다.

해 자문하거나 그것들에 호소하는 것과는 거리가 멀게, 그 자신이 법률Lois로부터 불려나와 심문을 받는다. 법률은 그에게 말을 걸면서 물음들을 제기하지만, 그 물음들은 허위 물음들, 위장된 물음들, '수사적인 물음들'이다. 덫을 놓는 물음들인 것이다. 그는 법률이 그 특유한 의인법을 통해 자신에게 바라고 기대하는 대답만을 답할 수 있다.《크리톤》에서 법률과 관련한 그 유명한 의인법은 여러분 자신이 자세히 읽어보아야 할 것이고, 나는 그에 대해 어떤 면에서는 공격이라고 할 만한 것만을 환기하고자 한다. 소크라테스는 사형 선고를 받은 후 이번에도 다시 한번 허가 없이 도시를 떠날 채비가 된 이방인, [즉] 도시의 법률에 도전하면서 아테네로부터 도피할 채비가 된 이방인으로 행동하려는 척한다. 그러자 도시의 법률은 그에게 말을 걸면서 이 기만적인 질문들을, 이 불가능한 질문들을 제기한다.

이 문단은 법률 [즉] 오이 노모이(*oi nomoi*)의 등장 장면에서 시작된다. 법률의 얼굴과 그 의인화된 목소리 너머에서 이렇게 말하고 있는 소크라테스, [즉] 플라톤의 소크라테스에 의해 연출된 등장 장면 말이다. 의인화된 것은 곧 얼굴, 가면, 무엇보다 이 가면 너머에서 말하고 있는 목소리이며, 하나의 **등장인물**, 시선 없는 하나의 목소리이다. (잠시 후 그것은 맹인의 초상이자 오이디푸스의 목소리가 될 것이다. 이방인 오이디푸스는 안티고네의 부축을 받으며 콜로노스에 막 도착하여 이방인들에게 말을 건네는 중이다.)

질상 통제적 역량이다. 사유는 끊임없이 미지의 것을 기지의 것으로 환원하고자 한다. [즉] 미지의 것이 지닌 신비를 분할하여 미지의 것을 자신의 것으로 만들고자 하며 그것을 해명하고자 한다. 그것에 이름을 붙이고자 한다.

그런데 '환대, 근접성, 고립, 증오, 이방인' 등의 단어들에 우리 눈이 머물 때 무슨 일이 일어나는가. 심지어 우리가 한순간 이 단어들에서 '다른 곳'을 발견할지라도, 이 단어들은 곧 우리 사유 습관

소크라테스 : 자, 이 점을 생각해 보게. 가령, 자네는 다르게 일컫고 싶을 테지만, 이곳으로부터 도피할 작정으로 있는 우리한테 법률과 국가가 다가와서는 우리를 막아서고 묻는다고 말일세. "소크라테스여, 말해다오. 그대는 무엇을 하려고 하고 있는가? 그대는 그대가 하려는 이 일로써 우리와 법률과 국가 전체를, 그대가 할 수 있는 한 파괴하려는 생각을 하는 게 아니고 무엇이겠는가? 혹시 그대가 생각하기에는 국가에서 내린 판결들이 아무 힘도 발휘하지 못하고 개인들에 의해 무효화되고 손상되었는데도, 그런 나라가 전복되지 않고 여전히 존속할 수 있을 것 같은가?" 크리톤, 이 물음이나 다른 비슷한 물음들에 대해 우리는 뭐라고 대답해야 할 것인가? 법은 일단 내려진 판결들이 그 효력을 갖기를 원하니, 우리에 의해 손상된 이 법을 변호하기 위해 사람들, 특히 변론가라면 사실상 얼마나 많은 이유들을 열거할 수 있을 것인가! "그건 국가가 우리에게 잘못을 했으며 잘못 판결했기 때문이지요!"라고 우리가 말할 것인가? 이것이 우리가 하려는 말인가?

크리톤 : 소크라테스, 단연코 그 말을 해야 하네.

소크라테스 : 하지만 그렇다면 법률이 이렇게 말할 때는 뭐라고 말할 것인가? "소크라테스여, 그것 또한 우리와 그대 사이에 합의되었던 것인가? 아니면 국가의 판결들에는 따르기로 한 것인가?" 그래서 만일에 우리가 이들이 한 말에 놀라기라도 하면, 이들은 이렇게 말할 걸세. "소크라테스여, 우리가 한 말에 놀라지 말고, 대답하라. 묻고 답하는 것이 그대

과 우리 기억의 인장에 새겨진 풍경에 곧 동화되어 버린다. 어떤 면에서는 소크라테스에서 키르케고르에 이르기까지 반어법irony의 철학적 사용[*]이 사유를 불안정하게 만들었을 것 같다. 하지만 우리

---

* 키르케고르는 자신의 박사학위논문 《아이러니의 개념》에서 소크라테스적 반어법을 사용하여 자신이 기독교인이 아니라는 주장을 함으로써 당시의 기독교가 전혀 기독교가 아님을 밝혀냈다. 따라서 반어법의 '철학적 사용'은 단순한 '수사법'을 넘어 무한한 부정성을 통한 진리에의 고양을 위한 '의문문'의 형태를 띤다.

의 습관이 아니던가. 자, 그대는 우리와 국가에 대해 무슨 잘못을 물어 우리를 무너뜨리려 하는가? 무엇보다, 그대를 태어나게 한 것은 우리가 아니던가? 우리를 통해 그대의 어머니와 그대의 아버지를 맞이하게 되고 그대도 낳은 게 아니던가? 그렇다면 말하라. 우리 중에서 혼인에 관련된 법률이 무언가 잘못되었다 하여 그것들에 대해 비판하는 사람이 있는가?" "전혀 아닙니다"라고 나는 말할 걸세. "그러면 태어난 아이의 양육에 관련된, 그리고 그대 또한 받았던 교육에 관련된 법률에 대해 비판하는 것인가? 아니면 우리 중에서 이 목적을 위한 것들로 지정된 법률이 그대의 아버지에게 그대를 시가詩歌와 체육으로 교육하도록 규정한 것이 잘못된 것인가?"[1]

따라서 소크라테스는 아테네 외곽의 이방인처럼 나타난다. 그는 사형 선고를 받자 일단 도피할 것을 고려하지만, 법률이 그에게 심문하기 위해 사실상 그에게 거짓 물음들을 던지면서 말을 건넨 이후 국외 도피를 포기한다. 이 이방인의 형상에 우리가 견줄 수 있는 것은 오이디푸스의 형상, 법-바깥의-사람(*anomon*)[†]이 있을 것이다. 이는 전자에 후

---

1 *Criton*, 49e, 50 a-d, trad. M. Croiset, Éditions, Budé. [국역본은 《에우티프론, 소크라테스의 변론, 크리톤, 파이돈》, 플라톤 지음, 박종현 역주, 서광사, 2003, 231-232쪽 참조함.]

† 데리다는 '무법자anomon/anomos'를 '법-바깥의-사람le hors-la-loi'으로 옮기고 있다. 사전에 따르면 '무법자'는 '법을 무시하고 함부로 거칠고 험한 행동을 하는 사람'인 반면, 프랑스어로 '법-바깥의 사람le-hors-la-

가 어떤 미지의 장소에 틈입해서 부추겨진 두려움으로 되돌아가 본다면, 미지의 장소의 낯섦은 우리가 점차 그곳에 적응되기 전까지는 우리를 얼어붙게 만든다. 부추겨진 불안 상태가 우리를 살아 있도록 경계하게 하기에 충분할까, 다시 말해 이 익숙해지는 과정을 막기에 충분할까? 단지 말해진 타자성이든 지각된 타자성이든 사유가 한순간도 이 작용을 겪지 못했다면, 정말로 타자성을 말할 수 있을까? 그런데 보통 사유는 겪는 것이 아니다. 아주 약간이라도 자를 유비로써 빗대어 보는 것과 동시에, 전자에 후자를 대립시키는 것까지는 아니어도 구별하기 위한 것이다. 여기서 오이디푸스의 형상은 콜로노스로 들어가려는 순간의 형상이다. 소크라테스처럼 출발의 순간, 떠나려는 순간, 도시를 나오거나 나오는 척하려는 순간이 아니다. 분명 우리는 다시 돌아와 오랫동안 이 이야기를 하게 될 것이다. 하지만 이 이야기는 계속해서 제사 명목으로 하고 있는 것이며 그로써 상황 전반을 이 지점에 걸어두기 위해, 이방인 [즉] 크세노스인 오이디푸스가 이방인들에게 하듯이 이 나라의 주민들에게 말을 건네는 두 순간들을 살펴보도록 하자. 그 이방인은 이방인들에게 말한다. 그 이방인은 그들을 그렇게 부른다. 따라서 첫 번째 순간은 도착자l'arrivant 오이디푸스의 도착이다. 한 이방인이 그 이방인에게 말을 건넬 참이다. 알지 못한 채. '그가 어디에 있는지, 그가 어디로 가는지'에 관한 앎이 없는 채, 그 장소와 그 장소의 이름에 관한 앎이 없는 채. 세속적인 것과 성스러운 것, 인간적인 것과 신적인 것 사이에서. 이는 항상 절대적 도착자의 상황이 아닌가? 그 이방인은 이방인에게 요청한다.

오이디푸스 : 눈먼 노인의 딸인 안티고네야. 여기는 어디냐?

---

loi'은 '법의 보호를 박탈당한 사람'으로 나와 있어 다소 뉘앙스의 차이가 난다. 'anomon/anomos'와 'anomique'일 경우는 '무법자'와 '무법적인'으로, 'le-hors-la loi'일 경우는 '법-바깥의-사람'으로, 'l'être-hors-la-loi'는 '법-바깥의-존재'로 옮겼다.

절대 그럴 수 없다. 사유는 '타자'를, (손님hôte을) 주권적인 권위로 사유하고 나서, 또 다른 물음에 대한 검토로 넘어간다. 레비나스가 이에 대해 잘 말한 바 있듯이, 그럼에도 사유는 때로 스스로의 무장이 해제되도록 내버려 두기도 한다.

철학에서 이 무장 해제에 대한 이름들 중 하나가 바로 경악이다. 하지만 경악은 친숙한 것의 발걸음이 다가옴에 따라 두려움이 물러나는 이 순간을 향해 우리를 나아가게 만든다. 이렇게 하여 경이 나라에는 어떤 민족이 살고 있느냐? 오늘은 누가 떠돌아 다니는 오이디푸스에게 보잘것없는 동냥으로나마 은혜를 허락할 것인가? 〔…〕 내 딸아, 세속의 땅이든 신들의 영지이든 앉을 만한 곳이 있거든 나를 멈추고 거기서 쉬게 해다오. 그런 다음 우리가 어디에 있는지 물어보도록 하자. 우리는 이방인들이니 이곳 주민들에게 물어보고 그들이 시키는 대로 하자꾸나. 〔…〕

이제 나를 여기 앉혀다오. 그리고 이 맹인을 돌봐다오. 〔…〕

안티고네 : 이곳 지명을 제가 가서 알아볼까요?

오이디푸스 : 그래라, 얘야. 이곳에 사람이 살고 있다면.

안티고네 : 사람이 살고 있는 것은 확실해요. 하지만 그럴 필요가 없을 것 같아요. 저 가까이 사람이 있는 것이 보이니까요. 〔…〕 벌써 우리 옆에 와 있어요. 하고 싶은 말씀이 있으면 하세요. 그 사람이 여기 있으니까요.

오이디푸스 : 이방인이여, 여기 있는 내 딸은 자기 자신은 물론 나를 위해 눈이 되어주고 있다오. 운 좋게도 그대가 우리의 궁금증을 풀어주려고 때맞게 여기 오셨다고 내 딸에게 들었소.

이방인 : 더 묻지 말고 자리를 뜨시오. 이곳은 인간이 밟아서는 안 되는 곳이오.

오이디푸스 : 이곳이 어떤 곳이오? 어느 신이 이곳을 주재하는 것이오?

이방인 : 그 누구도 이곳에 정착은커녕 발 디디는 것도 안 되오. 이곳은 대지와 어둠의 딸들인 공포의 여신들에게 속한

악은 건널 만한 다른 여울, 습관의 다른 지문을 찾아낸다.

이 경악이야말로 정확히 데리다의 말이 우리에게 불러일으키는 것이다. 데리다의 말은 우리로 하여금 스스로 사유한다고 상상하게 하는 것이 아니라 결국은 사유하도록 강제한다. 덧붙여 데리다의 말은 세미나의 진행 중에 타자로 인한 위험을 무릅쓰기도 한다. 데리다의 말은 제대로 이해되지 못할 위험, 잘못 해석될 위험, 신격화될 위험, 악마화될 위험, 또는 갑자기 중단될 위험조차 수용한다.

곳이오.[1]

바로 에우메니데스 여신들이다. “이 나라의 사람들은 그 여신들이 모든 것을 보고 있다고 그대에게 말들을 할 것이오.” 오이디푸스가 곧바로 떠올린 것은 자신이 “최후의 나라에 있는” 무시무시한 여신들의 집에서 “피난처 및 환대적 체류”를 제공받는 날에는 자신을 둘러싼 모든 악들이 “중지”될 것이라고 한 포이보스의 약속이다. 이 이방인 손님은 자신을 유령인 양 소개한다. 그는 “오이디푸스라 불리는 불행한 혼령”을 불쌍히 여겨 달라고 청한다. 그런데 합창은 오이디푸스를 “나라가 없는” “방랑자vagabond”라 일컫는다. 오이디푸스는 자신이 혼령과 다를 바 없어도 자신을 “법-바깥의-사람”(*anomon*)으로 간주하지는 말아 달라고 간청한다.[2]

우리가 제사의 명목으로 선택한 두 번째 순간은 바로 합창의 순간이다. 그러므로 소크라테스에게 말을 건넬 때는 **법률**이 말하고 있었던 것과 달리, [여기서] 말하는 것은 **법률**이 아니다. 합창이 오이디푸스를 불러 세운다. 합창은 끔

---

1 *Œdipe à Colone*, p. 1-5, 12-13, 21, 30-40, trad. P. Mazon et J. Irigoin, Éditions Budé. [국역본은 《소포클레스 비극 전집》, 제2판 4쇄, 소포클레스 지음, 천병희 옮김, 숲, 2022, 155-156쪽 참조함.]

2 같은 책, p. 87-91, 108-110, 115-140. [한국어로는 같은 국역본, 158-160쪽 참조함.]

그렇게 되면 그 담화는 원래의 흐름을 전환할 수 있게 되어 예정에 없던 대화가 새로 시작된다. 나는 철학적 말을 다음과 같은 식으로 실어 나르는 그 과감성에 경의를 표하고 싶다. 그의 철학적 말은 이성이 주인maître으로 군림하고 있는 이 정신의 거처들을 우리로 하여금 탈주하게 하는데, 그 잠깐 동안 경악은 이성을 손님으로 만든다.

찍한 비밀을 지니고 있는 그 이방인에게 말을 건넨다. 오이디푸스는 근친상간자이고 부친살해자라는 것이다. 이 사실은 그를 법 바깥으로 추방할 위험을 안고 있으며, 이미 그를 법 바깥에 위치시키고 있다. 잘 알려진 이 장면을 우리는 다른 각도에서 읽어야 할 필요가 있다. 어떤 각도일까? 여기서 각도란 무엇일까? 더는 단순히 삼각형이 아닌 것 속에서 말이다. 이 각도로부터 우리가 이것을, [즉] 이상한étrange 고발, 대항-고발, 기소를 지각할 때의 그 각도란 [무엇일까]? 자신의 결백을 밝히기 위해, 자신의 일을 변호하기 위해, 오이디푸스는 사실상 고발한다. 그는 그 누구도 고발하지 않고 고발한다. 그는 누군가라기보다는 무언가를 고발한다. 사실 그는 테베라는 한 도시의 모습을 고발한다. 유죄인 것은 바로 테베이다. 죄인 줄 알지 못한 테베, 무의식의 테베, 도시의-무의식, 도시의, 폴리스의 심부에 있는 무의식, 정치적 무의식이다. (이 때문에 그 고발은 죄를 씌우지 않으면서 죄를 씌운다. 어떻게 무의식이나 도시에 소송을 걸 수 있는가? 무의식도 도시도 자기 행위에 대해 대답할 수는 없지 않은가?) 따라서 바로 테베가 자신도 모르게 범죄의 책임을 지는 것이다. 테베(의) 무의식이 오이디푸스에게 근친상간과 부친살해를, 그리하여 법-바깥의-존재가 되게 하는 **용서 불가능한** 죄를 짓도록 했을 것이다.

어떻게 용서 불가능한 것을 용서하는가? 하지만 그 밖의 다른 무엇을 용서할 것인가?

그럴 의사도 없고 그렇게 하고 있다는 것을 알지도 못

사유를 억류하고 있는 밤을 둘러싼 사유의 운율.

강박의 형상들.

철학적 말이 '밤'의 토대 위에 뚜렷이 드러날 때 이 '밤'은 어떤 것인가? 프라하에서 법을 피해 비밀리에 출판된 매우 훌륭한 책 《이교적 에세이》에서 저자 얀 파토쉬카는 밤을 낮의 가치들과 대립적인 것으로 제시한다. 이때 밤은 하나의 존재론적인 형상으로 이해되

했던 오이디푸스로 하여금 죄를 짓게 하고 근친상간을 범하게 하고 아버지를 살해하도록 몰아갔던 것은 바로 도시의 법이다. 이 법이 법-바깥의-사람을 만들어 냈을 터이다. 여기서 놀랄 일은 사실상 전혀 없다. 이방인과 환대가 문제인 곳에서 주인(*host*) 즉 맞이하는 자가 또한 명령을 내릴 때면 부친살해의 이 장면이 일정하게 재발견되고 있으니 말이다. 우리에게 지금은 익숙한 (*hosti-pet-s*, *potis*, *potest*, *ipse*[*] 등의) 연쇄에 따르면, 권력의 주권성, 주인의 권한(*potestas*) 및 소유는 가장(*paterfamilias*)의, 집주인maître de maison의, 클로소프스키[†]가 그렇게 부르듯이 "집 안의 주인"[‡]의 권한이자 소유로 남아 있다. 그리고 그 동일한 단어

---

* 라틴어 'potis'는 '할 수 있는', 'potest'는 '(그는) 할 수 있다', 'ipse'는 '바로 자신'을 의미한다.

† 피에르 클로소프스키(Pierre Klossowski, 1905-2001)는 프랑스의 문학 비평가이자 소설가이다. 앙드레 지드의 영향을 받았고 조르주 바타유와 긴밀히 교류했으며, 사드와 니체에 대한 연구로도 유명하다. 특히 그의 번역에 의해 프랑스에 소개된 1961년의 하이데거 저서, *Nietzsche*, Vol. 1 et 2(Gallimard, 1971. 해당 하이데거 저서의 국역본으로는 다음의 책이 있다.《니체》 Ⅰ · Ⅱ, 마르틴 하이데거 지음, 박찬국 옮김, 도서출판 길, 2010)는 당시 프랑스 사상가들에게 지대한 영향을 미쳤다고 한다. 데리다는 클로소프스키에 대해 이번 강의에서는 두 번 짧게 언급하지만, 다음 강의에서는 그의 소설《로베르트는 오늘 저녁*Roberte ce soir*》에 나오는 환대의 역설을 비중 있게 다루고 있다. 이 소설은 데리다가 조금 뒤에 '포르노' 저서의 한 예로 소개하고 있는 클로소프스키의 소설집《환대의 법들*Les Lois de l'hospitalité*》(Gallimard, 1965)에 실려 있다. 다만 원래 해당 소설은 단행본으로 먼저 출판된 바 있다(*Roberte ce soir*, Éditions de Minuit, 1953).

‡ '집 안의 주인maître de céans'은 '집주인maître de maison'과 같은 말로서 '집의 내부성'이 강조되는 뉘앙스의 고어古語이다. 클로소프스키는 소설《로베르트는 오늘 저녁》에서 'maître de céans'와 'maîtresse de céans'을

어야 할 것이다. "인간은 불안하게 하는 것, 화해할 수 없는 것, 수수께끼 같은 것, [즉] 일상적 삶이 낮의 질서로 이행하기 위해 외면해 버리는 것이 자기 안에 증식되게 내버려둘 수밖에 없다."[1] 파토쉬카가 현대 세계의 위기와 유럽의 퇴폐를 간파하고 있는 곳은 바로 낮의 지식의 전체주의에서이다. 낮의 가치들에서 출발하여 추론

[1] [J. 파토쉬카, 《자유와 희생》.] J. Patocka, *Liberté et Sacrifice*, trad. E. Abrams, Grenoble, éd. Millon, 1990, p. 36.

는 두 가지 방식으로 번역된다. 때로는 '이방인'으로, 때로는 '주인'으로 말이다. 이것은 분명하게 이해된다. 이것이 [우리에게] 환기시키고 이해하게 해주는 것은, 문화 속에서 '크세노스'라는 단어의 두 가지 의미 사이를 넘나드는 이행이 필연성을 지닌다는 것이다. 하지만 엄밀히 따지면 이를 정당화하기는 어려워 보인다.

합창 : 이방인이여, 이미 오래 전에 매장된 악을 일깨우는 것은 분명 위험할 것이오. 그렇지만 나는 알고 싶어 타버릴 지경이오….

오이디푸스 : 무슨 말을 하려는 것이오?

합창 : …그대가 얽혀든, 그 참담한, 그 치유할 길 없는 고통 말이오.

오이디푸스 : 아! "손님을 맞이하는 이"(*xenias*)인 그대 이름을 걸고, 여기서 아무것도 들추지 말아 주시오. 끔찍한 일들이었소.

합창 : 널리 퍼지고 그칠 줄 모르는 소문에 대해, 이방인이여(*xein'*), 나는 제대로 알고 싶소. 〔…〕

오이디푸스 : 나는 당했소, 이방인이여, 나는 범죄를 당했던 거요. 내 의사와 무관하게. 신들이 이 일에 대해 내 증인이 되어줄 것이오. 그 어느 것도 내 의지로 된 것은 없었소. 〔…〕 아무 영문도 모르는 나를 범죄적인 혼사로 결혼의 그물

빈번하게 사용하고 있고, 데리다 역시 여러 곳에서 이 말을 사용하고 있다.

하는 것은 기술의 가치들에 종속된 계량화 가능한 지식의 획득만을 유일한 목표로 삼아 현실계를 정의하고 정복하고자 하는 의지에 따라 움직이는 것이다. 파토쉬카가 예언했던 것처럼 어둠을 밝음과 분리하면 우리는 그로 인해 큰 피해를 겪을 것이기에, 역으로 우리의 시선이 이 어둠의 문턱까지 향하도록 해야 할 것이다. 밝음이 밤에 속해 있다는 관점에서 밝음을 파악하는 것 또한 데리다의 성찰에서 생겨난 길들 중 하나라고 생각한다.

에 옭아맨 것은 바로 테베 자신이오.

합창 : 내가 들은 대로, 그대는 그대 어머니가 불길한 이름을 얻은 그 침대에 정말로 들어갔소?

오이디푸스 : 아! 그 말을 들으니 죽을 것 같소. 내가 낳은 이 두 소녀…. (…) 이 두 아이들, 이 두 불행은 (…) 나처럼 내 어머니의 배에서 나왔소.

합창 : 그러니까 이들은 그대의 딸이자 동시에….

오이디푸스 : 또한 이들 아버지의 누이동생들이오. (…)

합창 : 그대는 죄를 저질렀소.

오이디푸스 : 나는 죄를 저지르지 않았소. (…) 나는 결코 받고 싶어 하지 않았는데 너무나 불운하게도 내 봉사에 대한 대가라며 내 도시로부터 받은 것뿐이오.

합창 : 불운한 자여, 어째서요? 그대는 바로 … 장본인이 아니오?

오이디푸스 : 무슨 말이오? 무엇이 알고 싶은 것이오?

합창 : 그대 아버지 살해의 (…) 그대가 죽였잖소.

오이디푸스 : 내가 죽였지만, 달리 보면 이 살해에는 (…) 정당한 이유가 있었소. (…) 내가 죽이고 살육했을 때 나는 의식이 없는 상태였소. 법의 눈으로는 이미 결백한 데다 나는 영문도 모르고 그렇게 된 거요.[1]

---

1 *Œdipe à Colone*, p. 511-548, trad. P. Mazon et J. Irigoin, Éditions Budé. [국역본은《소포클레스 비극 전집》, 제2판 4쇄, 소포클레스 지음, 천병희 옮김, 숲, 2022, 176-178쪽 참조함.]

그리고 세미나 도중 오이디푸스와 안티고네라고 하는 이 방랑자들이 등장하므로, 나는 잠시 파토쉬카[1]가 해설하는 안티고네로

---

[1] 파토쉬카의 안티고네에 대한 해설에 대해, H. 데클레브는 다음과 같은 매우 아름다운 구절을 썼다. "인간은 단지 분열인 것만이 아니라 동시에 화해이기도 하다. 인간의 완고한 이성에서 비롯된 법과 의미보다 더 고유한, 밤과 무시무시한 것과 죽은 자들과의 직접적인 접촉에서 비롯된 법과 의미의 어두운 밝음이 솟구친다. 바로 이런 것이 안티고네라는 인물이 그 원초적 여성성에서 상기시키는 것이다." « Le mythe de l'homme—Dieu », art. paru dans *Jan*

오이디푸스가 도착했을 때, 테세우스는 그 맹인에 연민을 느낀다. 테세우스는 자신도 또한 "망명하여 이방인으로 자랐으며" "이국땅에서" 생명의 위협을 겪은 것을 잊지 않고 있다고 말한다. [말의] 교환은 도래할 맹세처럼, 두 이방인을 이처럼 결합한다.

이 긴 제사는 여기까지로 마치고, 다시 시작해 보자. 우리는 아직 이방인이라는 이상한 개념에 그 자체로 가닿지는 못했다. 물론 이 개념이 (우리가 지금까지 오랫동안 성찰했거나 미리-성찰한 양가성인) 주인/손님 또는 적으로서의 호스티스(*hostis*)라는 개념과 긴밀하게 결속되어 있으며 친숙하게 연관되어 있기는 하지만 말이다.

'이방인'은 무엇을 의미하는가? 누가 이방인인가? 남자 이방인은 누구이며, 여자 이방인은 누구인가? '이국땅에 가다', '이국땅에서 오다'는 무엇을 의미할까? 우리는 단지 다음과 같은 것을 강조했을 뿐이다. 이방인이라는 단어에 더 명확한 의미가 맥락적으로 부여되지 않아 엄밀한 의미에서 가장 자주 사용되는 규정된 외연을, 통상적인 용례를 그 단어에 부여해야 할 경우(통상적인 의미는 거의 언제나 가장 '좁은' 의미이다), 이방인은 에토스나 윤리, 에토스로서의 거주나 체류, 인륜성, 객관적 도덕성에 의해 한정된 바탕에서 이해된다. 특히 법droit 및 헤겔 법철학에 의해 규정된 세 심급인 **가족**, **부르주아 사회 또는 시민 사회**, **국가**(또는 국민-국가) 중심으로 이해된다. 우리는 이 한계들에 대해 상세히 정식화했고 질문했으며, 몇 가지 물음들을 우리 스스로에게 되돌아오고자 한다.

소포클레스의 안티고네라는 신화적 인물이 우리를 사로잡는 것은 그녀가 기원들에 매우 가까이 있기 때문이다. “그녀는 사랑하는 쪽에 속하지 증오하는 쪽에 속하는 것은 아니다”라고 파토쉬카는 썼다. 그러나 이 사랑은 그리스도교적 사랑은 아니다. 이 사랑

Patocka, philosophie, phénoménologie, politique, op. cit., p. 131.

제기해 보았다. [그 물음들은] 방브니스트의 해석들에서 출발하지만 또한 이 해석들에 관한 것이며, 특히 두 라틴어 파생어들인 '손님' 또는 '적'으로 받아들이는 이방인(*hostis*)에서 출발한 것이다. 환대hospitalité, 적대hostilité, **환대–적대** hostipitalité. 언제나처럼 방브니스트의 독해들은 우리에게 물음을 제기하는 만큼 귀중한 것으로 드러났다. 여기서 더 검토하지는 않기로 하자.

오늘은 그 지점을 바탕으로 해서, 이번에는 "그리스 세계"(그 세계의 통일성 또는 자기동일적 정체성을 잠정적으로 전제하기 위해 이 말을 쓴다)에서 출발하여 좀 더 직접적으로 이방인의 가치[의미]에 접근해 보자. 그러나 이것이 쉬운 일은 아니므로 우리는 최선을 다하기로 하자. 이 20세기 말 우리를 포위한 채 공격하는 긴급한 사안들과, 우리가 개념, 어휘, 추정컨대 자연적이라는 또는 건드릴 수 없는 것이라는 기본 공리들을 받아들이는 전통 사이에서 여러 번의 왕복들, 가고-옴을 되풀이하려는 노력을 우리 안에서 언제나 기울이자는 것이다. 바로 기술적-정치적-과학적 변이들이 우리로 하여금 이러한, 이른바 자연적 명증성들이나 건드릴 수 없는 공리들을 탈구축deconstruct하도록 강제할 때가 많으며, 실제로도 스스로 탈구축하고 있다. 예를 들어 우리가 조금 전에 다루었던 로마 전통이나 그리스 전통에서 비롯된 명증성이나 공리들을 말이다.

지난번에 우리는 우리에게 도착하는 것을, 이메일이나 인터넷을 통해 우리에게 도래하는 것을, 이처럼 환대에 대은 "인간의 조건에는 낯선 것으로서의 사랑, 신들의 편에 있는 밤의 부분과 관련된 사랑이다."[1] 파토쉬카는 크레온과 안티고네가 대면하는 장면에서 크레온으로 대변되는 법의 힘이 실제로는 공포에 복종하고 있다는 것을 보여 주면서, 그 이유가 "공포야말로 낮의 영향권, [즉] 크레온이 구상한 바대로의 국가가 의지하고 있는 것"

---

1 [P. J. 파토쉬카, 《플라톤과 유럽》.] P. J. Patocka, *Platon et l'Europe*, trad. E. Abrams, Lagrasse, Verdier, 1973, p. 52.

한 우리의 문제틀로 번역하고자 시도해본 적이 있다. 이메일과 인터넷—나는 이 이름들이 상징하는 모든 것을 의미하려는 것이다—의 발전을 동반하는 셀 수 없이 많은 변이의 징후들 가운데, 공적 공간의 구조를 속속들이 변형하고 있는 징후들을 우선 다루겠다. 나중에도 여전히 말하게 되겠지만, 우리는 그리스어 크세노스(*xenos*)와 크세니아(*xenia*)에 대해, 오이디푸스와 안티고네에 대해 말했다. 크세노이(*xenoi*)[이방인들]로서 오이디푸스와 안티고네는 크세노이에게 말을 건넸고, 그 다음 상호적으로 [말을 건네받은] 테베 사람들은 크세노이에게 하는 것처럼 오이디푸스와 안티고네에게 말을 건넸다. 그러나 소포클레스의 의미론은, 이를테면 전화와 팩스와 이메일과 인터넷에 의해, 텔레비전 및 비가시적 음성 전화 같은 이 다양한 인공보철prothétiques 장치들에 의해 구조화된 공적 공간 속에서 어떻게 살아남았을까? 지난번에 우리는 인터넷 망에서 일어나는 이른바 '포르노' 통신을 금지하거나 검열하려는 (최근 독일에서 일어난 바 있는) 국가 또는 국가기관의 개입이 의미하는 바에 관해 자문해 보았다. 클로소프스키의《환대의 법들》에 대한 개입이 아닌 인터넷에 퍼진 특정 텍스트나 이미지에 대한 개입 말이다. 독일 정부는 포르노 성향의 [인터넷] 망 2백 개를 금지했다. (이 주제와 관련하여,《르 카나르 앙셰네Le Canard enchaîné》*지는 '유방'이라는 단어의 외

* 1916년 프랑스에서 창간된, 정치풍자적 성격이 강한 주간지.

이기 때문이라고 말한다. 이 공포는 그 최후의 가면 밑에서는 죽음에 대한 공포이다. "크레온은 이처럼 자신도 알지 못하는 사이에 자신이 타자에, 밤의 법에 의존하고 있음을 확인한다. 그리고 안티고네는 법을, [즉] 밤의 부분을 구현하고 있기에, 그녀를 죽음으로 협박하는 것이 아무 소용이 없다."[1] 여기서 파토쉬카는 우리의 의식

1 같은 책, p. 53

설적 함의를 추적하던 모 검열관들이 유방암에 걸린 환자들이 별 뜻 없는 대화를 나누는 한 포럼에 대한 접근을 차단했다고 특필한 바 있다.) 이러한 검열의, 그리고 검열 원칙들의 합당함에 대한 당장의 입장 표명을 보류하고 문제의 전제들을 분석하는 것으로 논의를 시작하는 것을 양해해 주기 바란다. 오늘날 환대에 대한 성찰은 서로 다른 사물들 간에 문턱이나 경계를 엄밀하게 확정할 가능성을 전제한다. 가족적인 것과 비-가족적인 것 간에, 이방인과 비-이방인 간에, 시민과 비-시민 간에. 하지만 무엇보다 사적인 것과 공적인 것 간에, 사법과 공법 간에 등등. 원칙적으로 고전적 형태의 사적 우편물(서한, 우편엽서 등)은 한 나라 내부에서 그리고 한 나라에서 다른 나라로 통제 없이 유통될 수 있어야 한다. [중간에] 읽히거나 가로채여서는 안 되는 것이다. 전화, 팩스, 이메일, 당연히 인터넷에 대해서도 원칙적으로 사정은 마찬가지다. 검열, 전화 도청, 가로채기는 원칙적으로, 범죄를 나타내는 것이 아니라면 영토 보전과 주권과 안전과 국방을 담당하는 국가의, 한 국가의 유일한 이성에 의해 권한을 부여받은 행위를 나타낸다. 그런데 국가가, 사적 통신들에 대해 그것이 외설적이라는 구실로 개입하여 감시만이 아니라 금지까지 할 때 무슨 일이 일어날까? 새로운 상황이 된다면 모르겠지만 사적 통신들이 지금까지는 공공의 안전이나 국민의 영토 보전을 위험에 처하게 한 적이 없었는데도 말이다. 내가 충분한 정보를 갖춘 것은 아니지만, 나는 이러한 국가 개입이 스스로를 정당화하면서 내을 그것이 행사할 수 있다고 믿었던 의미의 독점과 연결했던 생각에 반대하여 다음과 같이 쓰고 있다. "소포클레스의 안티고네는 실낱같은 희망의 환기를, 크레온의 사유가 우리 안에서 완전히 은폐했던 것의 환기를 나타낸다. [즉] 인간이 자신에게 속하지 않는다는 사실, 인간의 의미가 대문자로서의 의미le Sens가 아니라는 사실, 인간적 의미란 사람들이 밤의 기슭에 가 닿는 순간 끝난다는 사실, 밤이 무가 아니라 그 용어의 고유한 의미에서 "있는est" 것에 속한

세우는 논증이 다음과 같은 주장일 것이라고 가정해 본다. 즉 인터넷 공간은 정확히 사적인 것이 아니라 공적인 것이며, 무엇보다 그 이용 및 원천 면에서 볼 때 전화나 컴퓨터 통신을 통한 '포르노' 망에의 접근성을 훨씬 능가하는 (전국적이고 또 국제적인) 공적 접근성을 지녔다는 것이다. 사드[의 작품] 및《환대의 법들》또는 그와 유사한 여타 작품들의 독자층보다 훨씬 더 우세한 공적 접근성을 지녔다는 것이다. 왜냐하면 이런 작품들은 '[독해]능력'을 요구함으로써 어떤 면에서는 자기 검열을 하는 방식으로 독자의 수를 자발적으로 줄인 셈이기 때문이다. 하여간 쟁점이 되는 동시에 '흐트러지고' 변형되고 있는 것은, 다시 한번 말하자면 공적인 것과 공적이지 않은 것 간에, 공적이거나 정치적인 공간과 개인적이거나 가족적인 자기-집 간에 그어진 경계선이다. 그 경계는 현행 법권리 및 기성 규범들에 도전하는 탈구축화-재구축화 과정에서 법적-정치적 소용돌이에 휩쓸린 상태에 놓여 있다. 어떤 공권력, 어떤 국가, 이러저러한 국가 권력이, 교환자들이 사적이라고 여기는 교환을 통제, 감시, 금지할 권리를 스스로에게 맡기거나 스스로가 그럴 권리를 가졌다고 인식하는 순간부터, 그러나 사적 교환이 공적 공간을 가로지르며 그 공간에서 이용 가능해졌기에 국가가 [그 교환을] 가로챌 수 있게 되는 순간부터, 환대를 이루는 모든 요소는 그로 인해 뒤흔들린다. 나의 '내-집'은 나의 전화선의 접근 범위가 구성한 것이기도 하다. (전화선 덕분에 나는 내 시간, 내 말, 내 우정, 내 사랑, 내 도움을

다는 사실 등을 환기한다."[1]

파토쉬카에게 밤은 "동요하는 것을 향한 개방"이다. 밤은 우리에게 의미 상실의 경험을 통과하라고 요청하는데, 이 경험에서 철학적 사유의 진정성이 나오게 된다. 데리다가 제1차 세계대전 당시 전선의 경험에 관한 파토쉬카의 성찰을 말할 때[2], 그가 포착한 것

1 같은 책, p. 59.

2 [《선물의 윤리: 자크 데리다와 선물의 사유》에 실린 〈죽음의 선물〉을 참조

내가 주고 싶은 사람에게 줄 수 있다. 따라서 나는 낮과 밤 어느 시간이든, 그 타자가 같은 층에 사는 이웃이든 같은 도시의 시민이든 세계의 다른 쪽 끝에 사는 다른 친구이든 모르는 사람이든, 내 집에, 우선 내 귀에 들어오기를 내가 바라는 그 누구이든 내가 원할 때 초대할 수 있다.) 그런데 만일 원칙적으로는 불가침인 나의 '내-집'이 또한 점점 더 본질적이고 내적인 방식으로, 내 전화선에 의해, 내 이메일에 의해, 내 팩스에 의해, 내 인터넷 접속에 의해 구성된 것이라면, 국가의 개입은 불가침의 면책특권이 환대의 조건으로 남아 있는 바로 그곳에서, 불가침의 것에 대한 하나의 침범[위반]이 된다.

우리가 이렇게 환기한 가능성들은 전화 도청보다 더 추상적이거나 더 개연성 낮은 것이 아니다. 경찰이나 국가 공안기관만 전화를 도청하는 것이 아니다. 몇 주 전 독일에서 일어난 일인데, 나는 시장에서 자유롭게 판매되고 있는 어떤 장치에 관한 기사를 신문에서 읽었다. (독일 법이 그에 대해 우려하기 시작했을 때는 이미 대략 2만 대의 이 장치가 팔린 뒤였다.) 이 장치는 (내 기억에는 사방 5백 미터의) 광범위한 구역 내의 모든 통화를 도청할 수 있을 뿐 아니라 녹음까지도 가능한 것이었다. 이는 전례 없는 자원을 사적인 정탐과 협박에 지원하는 셈이다. 모든 이 기술과학의 가능성들은 자기-집의 내재성을 위협하며("우리가 더 이상 자기 집에 있는 것이 아니구나!") 사실상 자기와 자기성ipséité의 보전 자체를 위협한다. 이 가능성들은 고유한 것의 고유한 영역은 환대 개념의 맨 끝 가장자리이다. 체코의 철학자 파토쉬카는 이렇게 쓰고 있다. 전선의 경험에서 반대자l'adversaire는 더는 동일자가 아니다. 반대자는 "우리와 함께 낮을 동요하게 만들었다는 점에서 공모자이다. 따라서 여기에 적을 위해 기도하는 심연의 권역

할 것.] Cf. « Donner la mort » in *L'Éthique du don, Jacques Derrida et la pensée du don*, Métailié, 1992.

을, 사적 소유권을 압박하는 위협들로 느껴진다. 이 위협들은 모든 반작용의, 모든 정화적 원한 표출*의 기원에 해당한다. '자기-집'이 침입당하고 있는 곳 어디에서나, 어쨌든 그런 식으로 침입이 느껴지고 있는 곳 어디에서나, 사적일 뿐 아니라 가족주의적이기도 한, 범위를 확대하면 심지어는 인종 중심적이고 국민주의적이기도 한, 따라서 잠재적으로는 외국인혐오xenophobe로 향하는 반작용을 예견할 수 있다. [이 반작용들은] 이방인 그 자체를 겨냥하는 것이 아니라, '내-집'과 함께 환대의 전통적 조건들을 위태롭게 하는 (가족 및 국민에게 낯선 만큼 언어나 종교에도 낯선) 익명의 기술 세력puissance techniques을 역설적이게도 겨냥한다. (환대의 법이기도 한) 이 법의 도착증, 타락 가능성이야말로, 자신의 고유한 환대, 그리고 그 환대를 가능하게 해주는 고유한 자기-집을 보호하기 위해 또는 보호한다고 주장하기 위해 [사람들이] 잠재적으로 외국인혐오자가 될 수 있음을 가리킨다. (우리가 지난 세미나 때 논했던 이종이식異種移植을 기억해 보라.)† 내가 원하는 자를 내 집에 맞이할 수 있기 위해,

---

* '정화적 원한 표출'은 'les ressentiments purificateurs'를 옮긴 것이다. 데리다가 말하고 있는 대로, 이 말은 기술 발전이나 이주 및 난민의 증가 등으로 인해 "자기와 자기성의 보전 자체를 위협"하는 침입자에 대해 가하는 '반작용 réaction'을 의미하며, 외국인 혐오, 기술에 대한 적대, 인종주의 등이 그 사례이다. 특히 기술과 연관하여 이 주제를 이해하고 싶다면, 데리다와 베르나르 스티글레르의 대담집, 《에코그라피*Échographies de la télévision*》(진태원 · 김재희 옮김, 민음사, 2014)를 참조하라.

† 바로 앞에 했던 3강을 가리킨다. 이종이식xénotransplantation이라는 용어에 관해서는, 원숭이 등 인간 아닌 종의 조직을 인간에게 접목하는 것에 대한

이 열린다. 동요하는 자들의 연대가 열린다."[1] 죽는다는 것은 의미의 물음을 제기함에 있어 진실이 살아남도록 하기 위한 것이지 죽는 행위에 대답의 오만함을 부여하기 위해서가 아니다. 그것은 밤에게 그 실재성을 돌려주는 것이다. 기권의 정반대인 것이다.

바로 이 '야행성의' 의미에서 나는 이성이 강박과, 다시 말해

1 같은 책, p. 141.

나는 내 집의 주인('자기'(*ipse, potis, potens,** 그리고 '집주인'까지. 우리는 이 모든 것을 이미 본 바 있다)이기를 원한다. 나는 나의 '내-집'을, 내 자기성을, 내 환대 권력을, 주인이라는 내 주권성을 침해하는 자는 누구든지, 달갑지 않은 이방인으로, 그리고 잠재적으로는 적으로 간주하기 시작한다. 이러한 타자는 내가 그의 인질이 될 위험이 있다는 [점에서] 적대적 주체가 되는 것이다.

역설적이고 타락할 수 있는 법, 그것은 전통적 환대 즉 통상적 의미의 환대와 권력 간의 이 일정한 결탁에서 기인한 것이다. 이 결탁은 또한 그 **유한성** 안에서는 권력이기도 하다. 다시 말해 이 결탁은 주인, [즉] 맞이하는 자가 자신으로부터 초대받은 자들을, 자신의 방문자들이나 자신의 손님들을, 비호나 방문의 권리나 환대의 권리를 부여하기로 자기가 결정한 자들을 고르고 선출하고 거르고 선택할 필요에서 기인한 것이기도 하다. 자기-집에 대한 자기 주권이 없이는 고전적 의미의 환대는 없다. 그러나 유한성 없는 환대 역시 있을 수 없기에, 주권은 거르고 선택함으로써만, 따라서 배제하고 폭력을 사용함으로써만 행사될 수 있다. 부정의不正義, 어떤 특정한 부정의, 어떤 특정한 거짓 맹세는 환대에의 권리의 문턱에서부터 바로 시작된다. 한편으로는 권

설명이 Jacques Derrida, *Hospitalité*, Vol. I, Seuil, 2021 중 3강, p. 100의 각주에 나와 있다.

* 라틴어 'potens'도 '할 수 있는'을 의미하는데, 힘 있음, 지배력, 강력함 등에 초점이 맞춰진 뉘앙스이다.

'동요하는 것을 향한 개방'과 맺는 관계에 대해 말하고자 한다. 강박이 사유의 내부에서 작업하거나 아니면 차라리 사유가 강박에 의한 작업을 허용할 정도로 충분한 힘을 가지고 있을 때, 이 강박은 예술 작품이 자기를 담고 있는 질료의 이면에서 그때까지는 알려지지 않은 어떤 대답을 개시하게 하는 방식으로 사유를 창조적인 것으로 만든다. 밤이란 "…를 강박하는 바로 그것"을 말로 도래하게 할 수 있는 출발점이다.

력의 폭력 또는 법의 힘(게발트Gewalt)과 다른 한편으로는 환대 사이의 이 결탁은 환대가 권리로 완전히 철저한 방식으로 기입된 것에서 기인하는 것으로 보인다. 이 기입에 대해 우리는 앞선 세미나들에서 자주 언급한 바 있다. 그러나 사적이거나 가족적인 이 권리는 공적 권리나 국가의 권리를 매개로 해서만 행사될 수 있고 보장될 수 있기 때문에, 도착증은 내부로부터 유발된다. 왜냐하면 국가가 사적인 (영역이라는 이유로) 그 영역을 보장할 수 있다거나 보장한다고 주장할 수 있으려면, 확인을 위해서라도 그 영역에 대한 통제와 침투가 가능해야 하기 때문이다. 국가가 사적 영역을 통제하는 것이 부정적이고 억압적으로 보이는 면은 물론 있겠지만, 동시에 국가는 그 영역을 보호하고 통신을 가능하게 하고 정보와 투명성을 확대한다고 주장할 수 있다. 정보민주화와 치안 영역의 이 공외연성共外延性*에서 고통스러운 역설이 유래한다. 즉 민주적 의사소통, 민주적 투과성, 민주적 투명성이 그것들의 공간, 그것들의 현상성phénoménalité, 그것들의 출현을 백일하에 드러나도록 확장해 감에 따라 경찰 권력과 정치 권력도 함께 확장되어 가는 것이다.

경찰과 정치는 **또한** 가시성의 가호, 대낮의 가호를 요청

---

* 공외연성coextensivité을 문자 그대로 풀이하면 '(내포는 달라도) 같은 외연을 지님'의 뜻이다. 철학에서는 어떤 개념이 다른 개념과 동일한 지시 범위를 가지는 성질을 말한다. 데리다는 정보민주화와 치안 권력 강화는 서로 별개지만, 그 영향이 결국 서로 동일한 셈임을 지적하기 위해 이 용어를 사용하고 있다.

하나의 말이 '밤'을 고려하게 만들 때, 그 말은 우리에게 단어들을 다르게 이해하게 만든다. 이처럼 "근접한 것에 대해, 망명자에 대해, 이방인에 대해, 방문자에 대해, 타자의 집에 있는 자기-집에 대해" 말하는 것은, "자아와 타자" 또는 '주체와 대상' 같은 개념들이 영구적으로 이원적인 법칙으로 제시되지 못하게 막는다. 우리가 데리다에게서 파악한 것은 근접한 것le proche에 대립하는 것은 다른 곳이 아니라 근접한 것의 또 다른 형상이라는 것이다. 그리고 한다. 심지어는 이른바 '비밀' 경찰과 '비밀' 정치, [즉] 매우 빈번하게 그럴듯한 이유를 들어 경찰 전체, 정치 전체라고 자부하는 특정 경찰과 특정 정치도 이러한 가호를 요청한다. 이는 항상 그러했지만, 오늘날엔 특정 기술들의 전개에 가속이 붙으면서, 이른바 사적이라 불리는 사회성의 영역과 역량을, 측량 가능하고 조망 가능한 영토나 공간을 훨씬 넘어서서 그 어느 때보다 빠르게 성장하게 만들고 있다. 게다가 기술은 이러한 영토나 공간에 머물러 있던 적이 없었다. 따라서 오늘날 전화, 팩스, 이메일, 인터넷 등의 덕택에, 이 사적 사회성은 그 안테나들을 국민-국가적 영토 너머까지 광속도로 확장하려는 경향이 있다. 그러니까 무-국가적인 동시에 하위-국가적이고 상위-국가적인 이 사적 세력들보다 갑자기 더 작아지고 더 약해진 **국가**, [즉] 고전적인 **국가**는—또는 고전적 **국가**들의 연합은—자신으로부터 전속력으로 벗어나고 있는 이것 자체를 다시 붙들어 감시하고 억눌러 재적응하게 만들고자 엄청난 노력을 기울인다. 이는 권리의 재정비, 새 법조문의 형태를 취할 때도 있지만, 경찰의 새로운 야망이라는 형태를 취할 때도 있다. 통신이나 정보의 새로운 권력들에, 즉 환대의 새로운 공간에 적응하려는 야망 말이다.

전화 도청은 사실상 통제 불가능한 것으로 남아 있으며, 기술적으로 다소 낡은 표상임에도 나날이 확대되고 있다. 이제는 이메일이 감시되고 있다. 최근 뉴욕에서 전자기기를 불법으로 거래한 독일인 기술자가 체포되었다. 그가 체포될 내 생각에 이 지리학은 세미나 내내 “어디로?”라는 물음을 인간에 대한 물음인 것으로 드러나도록 이끈다. 스핑크스의 물음과 공통되는 이 물음이 말을 건네고 있는 자는, 걷는 중인, 길 위에 있는 자라는 것 이외의 다른 고유한 장소를 가지지 못한, 자신에게 알려지지 않은 목적지로 보내졌지만 자기 그림자로 자기를 앞세운 한 명의 인간이다.

“어디로?”라는 물음은 나이를 먹지 않으며 타동사적이다. 이 수 있었던 것은 팩스와 이메일을 통한 통신물들을 가로챈 덕분이었다. 그렇게 가로챌 수 있었던 것은 분명 아무도 감히 반박할 수 없는 그런 이유들, 즉 홍콩과 라스베이거스와 뉴욕을 가로지르는 비밀 업무와 마약 단속 업무 때문이었다. 더욱이 이 독일인 기술자는 무엇보다 경찰의 전화 도청을 방해하는 감시 기기의 전문가였다고 한다. 컴퓨서브* 서비스 가입자들은 전화번호 식별은 물론이고 통신문 가로채기와 '추적하기tracking' 그리고 대화 도청도 가능한 기기를 제공하겠다는 이메일을 자신들의 메일함을 통해 받았다. 이 기기들 중에는 휴대 장치 특성들의 사본을 만드는 방식으로 휴대전화의 복제를 구현한 것도 있다. 그렇게 되면 누군가는 휴대전화번호와 기기일련번호를 (독일에서 판매 중이던) 스캐너로 빼내어 다른 사람인 양 사칭할 수 있고, 고지서는 가입자에게 날아가며 기생자의 흔적은 남지 않는다. '기생자'라고 칭해 보자. 왜냐하면 이 문제가 우리에게 개방하라고 명령하는 것은 기생 행위와 환대 사이에 있는 관계들의 일반적 문제틀이기 때문이다. 손님guest과 기생자를 어떻게 구별할 것인가? 원리상 차이는 단순하지만, 구별을 위해서는 어떤 권리가 필요하다. 환대, 맞아들임, 접대는 엄격하고 제한적인 사법권에 따라 제공되어야 한다. 환대에의 권리나 비호권 등의 혜택 없이 도착한 자는 손님으로 받아들여질 수 없다. 이 권리 없이 그가 '내 집'에, 주인host의 '자기-집'

---

* '컴퓨서브CompuServe'는 1980년대에서 1990년대 중반까지 큰 영향을 미친 미국 최초의 온라인 서비스 제공 업체이다.

물음은 장소와의, 거처와의, 장소-없음과의 관계를 본질적인 것으로서 제기하며, 대상을 이해하도록 해주는 관계 속에 있는 사유를 물음의 자체적 기능에 의해 배척한다. 진리가 있다면 술래잡기 노래 중에 뛰어가는 술래의 진리만이 있을 뿐이다. 바로 이 술래의 운동이 진리를 발견하며 바로 그 흔적이 진리를 명명한다. 이 대결에서는 정의하고 설명하고 파악하는 것이 중요하기보다는 물음이 새겨지는 영토, [즉] 물음의 정당성을 발견함으로써 사유된 대상과 겨에 스스로 들어온다면 그는 기생자로서, 도를 넘은, 비합법적인, 몰래 들어온 손님으로서 추방이나 체포의 벌을 받아 마땅하다.

하지만 현재의 기술 발전은 관리되고 구획된 소유 공간을 구성하는 것 자체가 그 공간을 불법 침입에 개방하는 식으로 공간을 재구성한다. 다시 한번, 이는 전혀 새로운 것이 아니다. 거주 가능한 집의, 그리고 자기-집의 공간을 구성하기 위해서는 또한 입구와 문과 창문이 필요하고 이방인에게 통행을 허락할 수밖에 없다. 문 없고 창문 없는 집이나 실내는 없다. 자기-집의 모나드monade는 자기(*ipse*)로 있기 위해, 자기 집에서 자기 자신이기 위해, 자기의 자신과의 관계에서 살 만한 자기-집이기 위해 환대적이어야 하는 것이다. 하지만 항상 이렇게 조직되어 온 이것은, 완전히 유례없는 비율과 양식에 따라 오늘날 자기-집을, 그리고 자기-집에의 접근 가능성을 배가한다. 이로부터 사적이고 은밀하고 무국가적인 등의 망 장치들과 국가적인 감시를 하는 경찰의 망 장치들 간에 깊은 동질성이 나온다. 양쪽 모두에 공통된 기술은 두 개의 공간 사이에, 그리고 두 유형의 구조 간에 어떠한 방벽도 금지하고 있다는 것이다.

미국의 예를 하나 더 들어보자. 요즘 라이프타임 폰lifetime phone이라고 불리는 전화기는 두 개 번호의 99개 서로 다른 조합에 대한 메모리를 전화기 한 대에 축적한다. 이 전화기는 시장에서 (1900달러의 가격으로) 앞에서 말한 (독일인 기술자) 보비츠의 회사가 판매하고 있지만, 불법 기루는 것이 더 중요하다.

이 때문에 "경계, 한계, 문턱, 이 문턱을 향해 가는 발걸음"이 데리다의 언어 가운데 그토록 빈번하게 등장하는 것이다. 마치 사유를 확립할 수 있게 해주는 안정적인 영토의 확정 불가능성이 사유 자체를 도발하기라도 하는 것처럼 말이다. 데리다는 이렇게 자문한다. "환대를 베풀기 위해서는 보장된 거처의 존재로부터 출발해야 하는가? 아니면 그보다 피난처-없음, 자기-집-없음이라는 종이며 마약상이나 아동 유괴범 등이 사용하고 있다. 그런데 연방 경찰 한 명이 망에 침투하여 자신을 헤로인 밀매자로 위장함으로써 거기서 '두 팔 벌려 맞이하는 환영'을 받았다. 독일인 기술자는 심지어 그에게 헤로인 밀매 대금을 홍콩에서 세탁해 주겠다고 제안하기도 했다. 이 하이테크 기계설비의 제작자는 자신이 보낸 메일들로 인해 덜미가 잡힌다. 판매 확보를 위한 이메일을 거의 무작위로 모든 메일함에 발송한 것이다. 한 예로 그 메일은 컴퓨서브에 가입된 어떤 AT&T사 직원의 메일함에도 발송되었다. 그 직원은 한 사설탐정에게 사건을 의뢰하여 여러 조치들을 취한 후 보비츠를 만났고, 전체 설비를 눈으로 확인한 다음 마약 담당 경찰과 미국의 첩보 기관에 알렸다. 뉴욕의 재판관은 이메일상의 메시지들을 가로채려는 목적의 전화 도청을 허용하는 법률 조항들을 사용했다. 그러자 컴퓨서브의 책임자들, 즉 원래 부정직한 것은 아니었던 이 지원-망은 경찰에 협력하는 입장이 된다. 컴퓨서브의 대변인은 이렇게 말한다. "우리가 이러한 유형의 상황에 직면한 것은 처음이었다. 범죄적 사실이 문제되고 있고 합법적 문서가 제시된 상황에서, 우리가 협력을 제공하는 것은 당연한 일이었다." 그 사람은 또한 이렇게 말했다. "가명과 번호가 익명성을 보호할 수는 있지만, 필요한 경우 범죄를 저지른 가입자의 신상명세를 찾아내는 것은 우리에게 언제든지 가능한 일이다. 우리는 그의 신용카드와 주소를 항상 가지고 있기 때문이다." 신용카드는 비밀번호처럼 오늘날 최후의 신분증이며 경찰의 주요

탈장소화로부터 출발해야만 진정성 있는 환대가 열릴 수 있는가? 아마도 집이 박탈된 경험을 겪은 사람만이 환대를 베풀 수 있을지 모른다."

"어디로?"는 최초의 물음이 '자기ipse'로서의 주체의 물음이 아님을, 더 근원적으로는 주체가 도래하는 출발이 되는 물음의 운동 자체에 대한 물음임을 의미한다. 이 물음은 자기에 대한 땅을 가지지 못하는 무력함을 나타낸다. 왜냐하면 이 물음은 우리가 안심하

정보자원에 속한다. 이는 적절한 수정을 가하면 어느 정도는 우편배달부나 우체국 직원의 상황이기도 하다. 그들은 범죄 혐의가 있는 것, 아니면 범죄 혐의가 있다고 제시된 것이 그들 앞에 있을 때, 우편물을 개봉하거나 경찰에 우편물을 넘겨주는 것을 받아들일 것이다. 또는 환대에 좀 더 근접해서 말해보면, 경찰에 협력하는 한 호텔 주인의 (무엇보다 고전적이고 흔한) 상황이다. (고해신부나 정신분석가의 문제들은 — 단지 유사하기만 하고 또 그 문제들 사이에서만 유사하기에 — 접어두기로 하자.) 이런 일은 호텔만이 아니라 보호시설이나 병원에서도 일어날 수 있다. 비밀 보존과 불법 행위의 암호화와 보장 등의 용도로 개발된 기술 장치들에 대한 이 절대적 투과성, 이 무제한적 접근성이 바로 법, 법의 법이다. 코드화될수록, 수치화될수록, 보호하려는 비밀에 접근 가능하게 해주는 이 조작적인 되풀이의 가능성이 생산될수록 더욱 더 그렇게 된다. 내가 편지 한 장을 숨길 수 있으려면, 나는 그 편지를 나와 분리하고 따라서 외부에 내보내고 타인에게 드러내고 기록화함으로써만 가능하다. [이렇게 그 편지는] 위탁 공간 내에서는 접근 가능한 문서가 되는 것이다.

이는 우리가 여기서 이 국가적 폭력의, 또는 이 권리의, 항상 가능하며 사실상 잠재적으로는 피할 수 없고 운명적인 타락 가능성, 도착증이라고 불리는 것의 역설적 효과이다. [다시 말해 이는] 사적인 것과 공적인 것 간의, 비밀인 것과 드러난 것 간의, (환대를 가능하게 해주는) 자기-집과 자기-

고 말을 시작할 수 있다고 스스로 믿었던 바로 그곳 자체로 되돌아 가기 때문이다. 이 물음은 시작에 대한, 그보다는 차라리 시작의 불가능성에 대한, 로고스가 스스로를 기입할 확정적인 최초의 기원에 대한 물음을 제기한다.

그러나 우리는 모종의 방랑이 주는 현기증에 사로잡힐 수도 있다. 마치 (인터넷 및 다른 원격 기술을 통해) 물질적 뿌리들로부터 단절되는 것이, 달리 말해 데리다가 정식화한 것처럼 "우리와 문턱 사

집에 대한 위반이나 불가능성 간의 경계를 지워버린다. 이 기계는 환대를, 환대에의 권리를, (우리가 이 세미나의 시작부터 정식화했던 모순 또는 아포리아에 따르면 항상) 이 기계가 가능하게 만들어야 했던 것을 금지한다.

환대에의 권리, 환대의 윤리가 선험적으로 자신을 제한하고 자신과 모순된다는 이 역설, 이 아포리아에 대해, 칸트의 작지만 매우 위대한 또 다른 텍스트를 다시 불러내 보자. 이 텍스트는 우리가 이 세미나를 시작했을 때 [다루었던] 보편적 환대의 권리에 대한 것이 아니라, 우리가 역시 전에 분석했던 〈인간애에 근거한 이른바 거짓말할 권리〉에 대한 것이다. 진실성의 명령은 절대적으로 무조건적이다. 그 결과가 어떠하든지 간에 항상 진실을 말해야 한다. 어떠한 최선의 이유에 의해서라도 거짓말할 권리를 조금이라도 인정한다면, 사회적 유대 자체, 사회적 계약이나 사회성 일반의 보편적 가능성은 위협당할 것이기 때문이다. 이 명령의 무조건성은 그것이 특정한 규범적 처방에서 기인한 것이기 이전에(물론 그렇기도 하지만), 말parole에 대한 단순한, 극히 단순한 **분석**에서 연역된다는 것을, 타인에게 건네진 말의, [그리고] 그 말의 규범성이나 그 말의 내생적 수행성의 이론적이고 항상적이고 기술記述적인 탐구에서 연역된다는 것을 우리는 보여줄 수 있을 것이다. 모든 진술은 ("나는 너에게 말한다, [바로] 너에게, 그리고 나는 너에게 진실을 약속한다" 처럼) 타인에게 그렇게 말 건넬 것을 약속하는 수행성을 내포하기에, 말의 행위는 모두 (내가 거짓말할 때조차, 그리고 이에 놓인 거리를 더는 뛰어넘을 필요가 없는 것"이 우리에게 의미의 유예를 부여하기라도 한 것처럼 말이다. 왜냐하면 우리 시대의 방랑은 교묘한 미끼가 되는 법을 알고 있기 때문이다. 실제로 우리에게 난폭하고 야만적인 소환들에 매달리도록 하는 것이 이 방랑이며, 데리다가 강조하듯이 이 소환들로 인해 민족주의와 근본주의는 가장 핏빛의 모습을 띤 채 회귀하고 있다.

그런데 환대는 오직 지금 여기, 특정한 곳에서만 제공될 수 있

내가 거짓말할 때 특히) 진실을 약속하기에, 나는 항상 거짓말할 수 있으며 그것은 확실하다. (또 칸트 자신이 결코 거짓말한 적이 없다는 것을 누가 판단하거나 증명할 것인가?) 하지만 이러한 명령의 무조건성은 단지 그때 내가 타인에게 말하고 있지 않다는 것을 의미할 따름이며, 단지 그뿐이다. 그리고 그렇게 할 때 나는 [누구로부터] 주어진 것이라는 말의 본질도, 어떤 사회적 유대를 정초할 필요성도 인정하고 있는 것이 아니다. 그런데 칸트는 이 논리에 따라, 이 논리가 **반론의 여지가 없는** 것으로 나타날 수 있는 바로 그 지점에서 어떻게 **하고 있을까**? (이 논리는 그것이 논리적으로 반박 가능할지라도, 그리고 뱅자맹 콩스탕을 걱정하게 만든 것처럼 그것이 각자의 양식bon sens과 충돌할지라도, 증언인 한에서는 반론의 여지가 없는 것으로 나타날 수 있다. 자기 집에 묵고 있는 친구를 쫓고 있는 암살자들에게 그 친구를 내주어야 할지에 대한 뱅자맹 콩스탕의 물음에 대해 칸트는 망설임 없이 대답한다. "내주어야 한다. 결코 거짓말하면 안 된다. 암살자들에게도.") 두 방향의 작용이 한 작용 안에 들어 있다. 이로부터 양의성l'équivoque, 兩意性이 유래한다. **한편으로**, 칸트는 단 하나의 동일한 제스처로부터 순수한 주관적 도덕성, [즉] 타인에게 진실을 말할 의무를 설정한다. 이 의무는 타인을 존중하고 사회적 유대를 존중하기 위한 절대적 의무로 설정된 것이다. 그는 이 명령을 주체의 자유 및 순수 지향성 가운데 정초한다. 그는 말 행위의 구조에 대한 완고한 분석을 통해 우리를 그 기반으로 안내한다. [요컨대] 그는 사회적 권리를

다. 환대는 자신의 '밤' 속에서 이 까다롭고 애매한 장소와의 관계를 사유되지 않은 것으로서 선사한다. 마치 환대에서 물음 속에 놓인[문제시되는] 장소가 주인이나 초대받은 자에 본래부터 속한 장소가 아니라 어느 한쪽이 다른 쪽 타자에 대한 환영[맞아들임]을—비록 그 타자 자신에게는 특히 이 환영[맞아들임]을 생각할 수 있는 출발점이 될 거처가 없다고 하더라도—선사하는 몸짓에 속한 장소이기라도 한 것처럼 말이다.

공적인 권리로 보장한다. 그러나 동시에 **다른 한편으로**, 이 권리를 정초하면서, 그 기반을 불러내거나 분석하면서, 그는 거짓말할 권리만 파괴한 것이 아니라, 진실이나 자백이나 공적인 투명성의 요구에 맞서 자기를 위해 간직하고 은폐하고 저항할 모든 권리를 파괴한다. 그런데 이러한 요구는 법권리 및 경찰의 본질만이 아니라 국가 자체의 본질을 구성한다. 달리 말하면 칸트는 그것이 인간애에 의한 것일지라도, 거짓말할 모든 권리를, 따라서 자기를 위해 숨기고 간직할 모든 권리를 그 뿌리부터 거부함으로써, 그는 공적이거나 정치적이거나 국가적인 현상성에서 벗어난 깊은 내면과 자기-집과 순수한 자기에 대한 모든 권리를 불법화하거나 어쨌든 이차화하고 종속시킨다. 그는 순수 도덕이 법권리가 된 순간부터 이 순수 도덕의 이름으로 도처에 경찰을 들여놓는다. 그래서 절대적으로 내면화된 경찰은 도처에 자신의 눈과 귀를 가지게 되고, 우리의 사적인 삶의, 심지어 우리와 우리 자신과의 내밀하고 순수한 관계의 최고[로] 비밀[스러운 부분]들인 우리 집의 전화와 우리의 이메일과 팩스에다 자신의 선험적인 탐지 장치들을 심어 둔다. 국가나 경찰의 이러한 형상은 내밀하거나 불법적이거나 포르노적인 대화들을 잡아내려고 할 때 정교한 기술들이 필요가 없을 정도이다. 보편적 환대를 향한 범세계적 권리의 사상가이자 〈영구 평화를 위한 세 번째 조항〉*의 저자는 또한 자신

---

* *Troisième Article en vue de la paix perpétuelle*는 칸트의 저서 *Zum ewigen Frieden. Ein philosophischer Entwurf*(1795)을 가리킨다. 영구

다른 방식으로 보면, 이는 윤리를 본래의 목적에서 벗어나 다른 목적에 끝내 사용해 버리는 교묘한 형식들을 고발하기 위한 것이다. 마치 오늘날 비본질적인 것과 본질적인 것을 가리지 않고 마구 내버리는 것이 우리 사회에는, 그 사회가 민주적 사회일지라도, 용인될 수 없는 위협이기라도 한 것처럼 모든 일이 진행된다. 모든 것이 적어도 어떤 윤리에 의해 정당화되어야 하는 듯이 말이다. 마치 유용한 것과 효율적인 것의 수량화에 몰입된 사회 속에 무용한 이 그렇게 정립하고 규정한 것의 가능성 자체를 그 뿌리에서부터 파괴하는 자이기도 한데, 이는 우연한 일이 아니다. 그리고 이는 이 담화의 법적인 성질에서, [즉] 이 환대 원칙을 하나의 법권리로 기입하는 데서 기인한다. 환대 원칙의 무한 이념은 법권리 자체에 저항할 수밖에 없으며, 하여간 그것이 법권리를 명령하는 바로 그 지점에서 법권리를 초과할 수밖에 없다. 게다가 〈인간애에 근거한 이른바 거짓말할 권리〉(1797)에서 (무엇보다 뱅자맹 콩스탕 자신에 의해 먼저 제안되었고 우리가 전에 재구성한 적 있었던 성경 이야기, 특히 롯에 관한 역사의 위대한 전통 속에서 제안된) 특권화된 그 사례가 **환대**의 상황에 관련된 것이라는 점은 내가 보기에 전혀 우연한 일이 아니다. 살인자들이 나에게 와서 자신들이 암살하려는 사람이 내 집에 있는지를 나에게 묻는다면 나는 거짓말을 해야 하는가? 칸트는 "안 된다"고 대답한다. 그리고 그는 고심하면서 그러나 확신에 찬 태도로 이 부분을 논증한다. (여러분이 원한다면 우리는 토론에서 이 문제로 되돌아갈 수 있을 것이다.) 심지어 이런 경우에도 진실을 말해야 하며, 따라서 거짓말하는 것보다 차라리 손님을 죽음으로 내몰 위험을 감수해야 한다는 것이다. 인간성의 기반이자 인간적 사회성 일반의 기반인 진실성의 절대적 의무와

평화를 위한 예비조항 6개, 확정조항 3개, 추가조항 2개, 부록 2개로 이루어져 있다. 그 이듬해인 1796년에 재판이 출판되었고, '영구 평화를 위한 비밀조항'이라는 제목의 '제2 추가조항'은 이때 덧붙여진 것이다. 대표적 국역본으로 다음의 책이 있다.《영구 평화론: 하나의 철학적 기획》, 이한구 옮김, 서광사, 2008.

것과 목표-없는 것, 절대적으로 무상의 것에 최고의 위험이 거주해 있는 것처럼 말이다. 그리고 무상의 것, '대가 없는' 것을 정당화하기를 거부함으로써 효율성의 가치들로 이루어진 구조 전체가 가면을 벗고 스스로를 내보였다. 이 때문에 데리다가 이어서 드러낸 환대의 무조건적 법 **자체**와 환대의 법**들** 사이의 구별이 그토록 중요한 것이다. 왜냐하면 책임을 조각내어 분산시킴으로써 권력을 전체화할 수단을 그 투명성 속에서 발견했던 사회에게 무조건적 환대

절연하는 것보다는 환대의 의무와 절연하는 것이 더 낫다.

그렇다면 이는 칸트적 [의미의] 주인이 자신이 재워 주는 자를 한 명의 이방인으로 취급한다고 말하는 것인가? 그렇기도 하고 그렇지 않기도 하다. 그 주인은 그 사람을 한 명의 인간 존재로 대우한다. 하지만 그는 자기 집에 묵고 있는 사람과 자기와의 관계를 법권리에 의거하여 설정한다. 요컨대 자신을 살인자들이나 경찰이나 판사와 연결하는 방식의 관계처럼 [손님과의 관계를] 설정한다. 법권리의 관점에서, 손님은 호의적으로 대접받을 때조차 일단은 한 명의 이방인이며, 한 명의 이방인으로 남아 있어야 하는 것이다. 환대는 이방인에게 당연히 베풀어져야 하지만 법권리와 마찬가지로 조건적인 것으로 남아 있으며, 결국 법권리를 정초하는 무조건성에 환대가 의존하도록 조건화된 채 남아 있다.

따라서 물음은 되돌아온다. 남자 이방인은 어떤 사람일까? 여자 이방인은 누구일까?

그 사람은 외국에, 사회나 가족이나 도시의 외부에 머무르는 그 또는 그녀만이 아니다. 그 사람은 타자, [즉] 가족의, 공동체의, 도시의, 국민의, 국가의 이편과 저편에서, 절대적이고 미개하고 야만적인, 전前-문화적이고 전-법률적인 바깥으로 밀려난 절대적 타자가 아니다. 이방인과의 관계는 법권리에 의해, 정의의 법권리-되기에 의해 규제된다.

는 위협이 되기 때문이다. 그럼에도 이 환대의 법 **자체**는 환대의 법들의 평온함을 "물음 속에 놓는[문제시하는]" 하나의 자력처럼 계속 사유되어야 하는 것이다.

이렇게 철학적 말의 "무용성"에 자리를 내어 주는 개방된 장소들을 존속하도록 허용하는 것은 본질적인 것이 말해지고 솟아오를 공간을 상징적으로 보호한다는 점에서 이미 정치적 제스처이다.

"…그리고 그 이방인이 대전투이기도 할 이 대토론을 개시하고 이미 너무 늦지 않았다면 이 발걸음은 우리를 그리스로, 소크라테스와 오이디푸스 곁으로 다시 데리고 갈 것이다.

자 그들에게 건넬 물음은, 정치가에 대한 물음, 정치적 존재로서의 인간에 대한 물음 이외의 다른 것이 아닐 것이다”*라고 데리다는 세미나의 시작 부분에서 진술한다. 정치가에 대한 물음은 여기서 타자, [즉] 이방인으로부터 우리에게 오는 물음인 것처럼 주어지고 있다. 만일 정치가가 [즉 정치가에 대한 물음이] 초기 [플라톤이 소크

---

* 이 책에 실린 데리다의 텍스트 23, 25쪽을 참조할 것.

자크 데리다

환대의 발걸음

5강 (1996년 1월 17일)

환대의 발걸음.*

우리는 가고 있다. 우리는 이동하고 있다. 위반transgression에서 위반으로, 하지만 또한 탈선digression에서 탈선으로. 이것이 의미하는 바는 무엇인가? 이 **과도한 발걸음**은, 또 위반은? 만일 방문하는 사람만이 아니라 초대받은 사람에게도 문턱의 통과는 항상 위반의 발걸음으로 있는 것이라면? 심지어 그렇게 있어야 한다면? 그리고 이 **횡보의 발걸음**, 탈선은 무엇을 의미하는가? 이 이상한 환대의 소송은 어디로 향할 것인가? 이 끝날 수 없는, 넘을 수 없는 문턱들은, 따라서 아포리아들은 [어디로 향할 것인가]? 마치 우리가 어려움에서 어려움으로 가고 있었던 것처럼 [모든 일이 일어난다]. 더 좋게 또는 더 나쁘게, 좀 더 심각하게는 불가능에서

* 제목과 첫 문장의 원어는 'Pas d'hospitalité'이다. 여기서는 가독성을 위해 '환대의 발걸음'으로만 옮겼지만, '환대 아님'의 뜻도 성립함을 유념해야 한다. 이 중의성은 환대의 '법 자체'와 환대의 '법들' 사이의 아포리아를 보여주는 것이기도 하다.

라테스의 모습을 그린] 대화편 이래의 작업에서 원리에 관계하는 철학적 물음들에 속하는 것이라면, 이 물음은 데리다가 이 세미나에 기입해 놓은 것처럼 이전에는 없었던 새로운 물음이다. 왜냐하면 이 물음이 우리에게 알려진 것은 타자의 장소에서, 이 물음이 집요하게 반복한 불법 침입에서 비롯된 것이기 때문이다. 이 물음이 우리를 응답하라고 소환한 것에서 비롯된 것이기 때문이다. 전투가 문제되는 상황이었기에 그의 말에 결투로 답하듯 응답한 것에서 비

불가능으로. 마치 환대가 불가능한 것처럼 모든 일이 일어난다. 마치 환대의 법이 이 불가능성 자체를 정의하는 것처럼, 마치 환대의 법이 위반될 수밖에 없는 것처럼, 마치 절대적이고 **무조건적이고** 과장된 환대의 법 **자체***la* loi가, 환대의 정언 명령이 환대의 모든 법**들***les* lois을, 말하자면 남자 주인들과 여자 주인들에게, 환영 [즉 맞아들임]을 제공받는 남자들이나 여자들에게만이 아니라 베푸는 남자들이나 여자들에게도 부과되어 있는 조건들과 규범들과 권리들과 의무들을 위반하라고 명령하는 것처럼. 상호적으로, 마치 환대의 법**들**이 한계들과 권력들과 권리들과 의무들을 표시함으로써, **도착자**에게 조건 없는 환영을 제공하라고 명령할 환대의 법 **자체**에 도전하고 법 **자체**를 위반하는 것으로 이루어져 있는 것처럼 모든 일은 일어난다.

도착자에게 '예'라고 말해 보자, 이방인, 이민자, 불시의 방문자가 문제가 될지 되지 않을지, 그 도착자가 다른 나라의 시민일지 아닐지, 인간 존재일지 동물일지 신일지, 산 자일지 죽은 자일지, 남성일지 여성일지에 대한 모든 결정 이전에, 모든 예상 이전에, 모든 신분 확인 이전에 말이다.

다르게 말해 보면, 환대의 법 **자체**와 환대의 법**들** 사이에는 **이율배반**, [즉] 해결 불가능한 이율배반, 변증법화가 불가능한 이율배반이 존재할 것이다. 한편에는 이러한 환대의 법 **자체**, 무제한적 환대라는 무조건적 법이 있다. (이 법이 도착자에게 자신의 자기-집 및 자신의 자기 전체를 주며, 그에게 이름도 대가도 요구하지 않고 최소한의 조건을 채워 달라고

롯된 것이기 때문이다. 이방인이 우리에게 건네는 이 물음을 나는 토포스의, 장소의 그리스적 의미에서 '유토피아'로 이해한다. 유토피아란 모어가 예언자로서 생각했던 '어디에도 없는 곳nulle part'으로서, 오늘날이라면 물음이 우리를 소환하는 곳인 이 '장소-바깥'일 것이다. 그런데 인간을 정치적 존재자로 제시하는 것은 그 주권적인 오만함으로 인해 우리 시대와 공명한다. 이는 우리 문화가 정치적인 것을 무대 효과의 요술처럼 완전히 감추려는 경향을 보임 요구하지도 않은 채 그에게 자신의 고유한 것, 우리의 고유한 것을 준다는 점에서 그렇다.) 다른 한편에는 환대의 법들, 항상 조건의 제약을 받고 조건을 부여하는 이 권리들과 이 의무들이 있다. 그리스-로마적 전통, 나아가 유대-기독교적 전통, 칸트 그리고 특히 헤겔에 이르기까지 가족과 시민 사회와 국가에 걸쳐 있는 법권리 전체, 법권리의 모든 철학이 정의한 대로의 권리들과 의무들 말이다.

여기에 바로 하나의 아포리아, 하나의 이율배반이 있다. 사실 그것은 법(*nomos*)과 관련된 것이다. 이러한 갈등은 법을 본성nature이나 경험적 사실과 대립시키고 있지 않다. 그것은 똑같이 비경험적인 법의 두 체제 사이의 경계에서 일어나고 있는 두 법의 충돌을 표시한다. 환대의 이율배반이란 보편적 단수형singularité인 법 **자체**와 복수형pluralité 간의 화해 불가능한 대립이다. [여기서] 복수형은 단순히 (법**들**의) 분산인 것만은 아니다. 그것은 분할과 분화의 과정에 의해, [즉] 자신의 역사와 자신의 인간학적 지리를 서로 다르게 분배하는 법**들**에 의해 구조화되고 규정된 다수multiplicité이기도 하다.

이 이율배반의 대립적 두 항들이 대칭적이지 않다는 것이 비극이다. 왜냐하면 이것은 바로 운명적 비극이기 때문이다. 여기에 이상한 위계가 존재한다. 법 **자체**는 법**들** 위에 있다. 따라서 그것은 불법적이고 위반된 것이며 법 바깥에 있다. 무법적인 법, [즉] *nomos a-nomos*, 법들 위의 법, 법 바깥의 법으로서 말이다. ('무법자'(*anomos*)에 대해 기억해에 따라 그러하다. 여기서 내가 감추려는 경향을 보인다고 말한 것은 정치적 성찰이 아니라 정치적인 것을 구성하는 행위 자체이다. 그리고 그 시작부터 정치적 행위는 타자들이 자신들을 대변해 달라며 한 명의 인물이든 여러 명의 인물이든 그 인물에게 부여했던 권력 덕분에, 경제적 과정들을 수량화 불가능한 다른 가치들과 관련시킴으로써 그 과정을 속박하거나 완수하거나 중단할 수 있는 유일한 행위이다. 하지만 정치적 유토피아의 광기가 20세기에 충분히 보면, 예를 들어 아들-아버지, 아버지로서의 아들, 자신의 딸들의 아버지이자 오빠인 오이디푸스가 바로 이렇게 무법자로 규정된다.) 환대의 무조건적인 법 **자체**는 환대의 법**들** 위에 완전히 자리 잡고 있으면서도, 법**들**을 필요로 하며 요청한다. 이 요구는 [필수적] 구성요소이다. 만일 법이 실효적이고 구체적이며 규정된 것이 **되지 말아야** 한다면, 만일 그러함이, 법이 존재해야만 하는 당위대로 존재함이 아니라면 법은 실제로 무조건적인 것이 되지는 못할 것이다. 법은 추상적이고 유토피아적이고 가상적인 것이 될 위험, 따라서 자신의 반대물로 전환될 위험을 겪을 것이다. 이처럼 법 **자체**는 그 자신 그대로 존재하려면 법**들**을 필요로 하지만, 그럼에도 이 법**들**은 법 **자체**를 부정하고 어쨌든 위협하며 때로는 부패하게 하거나 타락하게 만든다. 그리고 법**들**은 항상 이럴 수 있어야 한다.

사실 이 타락 가능성은 본질적이고 환원 불가능하며 또한 필연적이기도 하다. 이 대가를 치를 때 법들이 완전해질 수 있다. 따라서 법들의 역사성도 마찬가지다. 역으로, 조건적 법들이 무조건적 환대의 법에 의해 인도되고 영감을 얻고 고취되고 심지어 요청되지 않는다면, 이 조건적 법들은 환대의 법들이 되기를 그칠 것이다. 따라서 법 **자체**와 법**들**이라는 이 두 개의 법 체제는 모순적이고 이율배반적이**면서도** 분리 불가능하다. 그것들은 서로를 함축하는 동시에 하나와 다른 하나 간에 서로를 배제한다. 그것들은 서로를 배제하는 순간 서로 합체되며, 하나와 다른 하나 간에 서로를 과오를 저질렀기에 그때부터 우리는 경계할 수밖에 없었던 것 아닌가! 사실상 유토피아는 이데올로기로 변질됨에 따라 하나의 언어로 주어지게 되었는데, 이 언어는 자신이 맞서 싸우겠다고 주장하던 경제적 '효율'의 가차 없는 논리에 유토피아를 구속해 버린다. 마르크스주의에서 파시즘에 이르기까지 유토피아들은 장소의, 나라의, 권력의 현실계 속에 기입됨에 따라 자신들이 구성되었던 바로 그곳에서 와해되었다. 유토피아의 실행 수단들을 그 수중에서 지킬 무에워싸는 순간 서로 분리된다. 하나와 다른 것 간에, 하나와 다른 것들 간에, 다른 것들과 다른 것 간에 서로를 드러내는 **순간에**(동시성 없는 동시성에, 불가능한 공시성의 찰나instant에, 순간 없는 순간에) 말이다. 그것들은 동시에 더 환대적이면서도 덜 환대적으로, 환대적이면서도 비환대적으로, 비환대적인 **한에서** 환대적으로 서로를 내보인다.

배제와 포함이 그 동일한 순간에는 분리 불가능하기에, 사람들이 "바로 이 순간"이라고 말하려고 할 때마다 이율배반이 존재한다. 절대적 단수형인 법 자체는 복수형인 법들과 모순적이지만, 그것은 매번 법 **안**에 있는 법이며, 매번 법 안에 있는 **법의 바깥**이다. 이것이 우리가 환대의 법들이라고 부르는 매우 독특한 사물, 바로 그것이다. [그것은] 이상한 복수형, **동시에 두 개의 서로 다른 복수형들**을 가진 복수형 문법이기도 하다. 이 두 개의 복수형 중 한 복수형은 환대의 법**들**, 조건적 법들 등이다. 이율배반적인 덧셈으로 말해지는 다른 복수형은 유일무이하고 단수형이고 절대적으로 유일한 위대한 환대의 법에, 환대의 법 **자체**에, 환대의 정언적 명령에 조건적인 법**들**을 덧붙인다. 두 번째 경우에서 복수형은 하나+다수로 이루어져 있다. 반면 첫 번째 경우에서 그것은 단지 다수, 분배, 분화에 불과하다. 두 번째 경우는 1+n, 첫 번째 경우는 n+n+n+...와 같다. (이 괄호 안에서 다음과 같은 점에 주목하겠다. '무조건적'이라는 말의 준-동의어로 사용되는 칸트의 '정언 명령'이라는 표현은 문제없이 사용될 수 있는 것이 아니다. 우리는 이 표현을 약간의 유보를 두고,

시간적 고정성에 대한 향수 속에서 말이다. 정치적인 것은 효율성이라는 이 새로운 경제적 가치의 교묘한 밧줄 속에서 흔적과 각인까지도 지워 버리면서 우리 눈앞에서 스스로 해체되어 버렸다.

데리다나 레비나스가 생각하는 것처럼, 이국땅에서의 언어와 죽음의 근원적인 비–친숙성으로부터 출발하여 오늘날 정치적 유토피아 속에서 이해해야 하는 것은, 인간적 '도시'의 가능성을 개방할 어떤 '장소–없음'이지 않을까? 이 '유토피아'가 오늘날 우리에게 들

말하자면 말소선을 긋거나 판단중지(*époklhé*)를 하면서 유지하고자 한다. 왜냐하면 환대는 그것이 마땅히 존재'해야 하는' 바대로 존재하기 위해서는, 빚을 갚는 것이 되어서도 안 되고 의무에서 비롯된 이행이 되어서도 안 되기 때문이다. 그것은 무상의 것이기에, 손님에게 〔그가 초대받은 사람이든 [초대 없이] 방문한 사람이든 — 데리다〕 '의무에 부합하여' 개방되는 것이 아니어야 한다. 칸트의 구별을 한 번 더 사용하자면, 심지어는 "의무에서 비롯된" 개방도 아니어야 한다. 환대의 이 무조건적 법에 대해 우리가 생각할 수 있다면, 그 법은 결국 명령 없고 지시 없고 의무 없는 어떤 법일 것이다. 한마디로 법 없는 어떤 법일 것이다. 명령하지 않고 전하는 호소일 것이다. 왜냐하면 만일 내가 의무**에서 비롯된** 〔그리고 단지 의무**에 부합하는 것**만은 아닌 — 데리다〕 환대를 실천한다면, 이러한 갚음의 환대는 더는 절대적 환대가 아니며, 더는 빚과 경제를 넘어 제공된, 타자에게 제공된 무상의 것이 아니며, 도착자, 단 한 명의 뜻밖의 방문자를 위해 발명된 환대가 아니기 때문이다.[1])

이 이율배반들에 접근하기 위해, 우리는 《로베르트는 오

1 이러한 약속의 논리, 빚이나 의무 없는 '의무'의 논리에 관한 예로는, *Passions*, Galilée, 1993, p. 88 sq를 참조할 것. 결국 다른 곳에서도 마찬가지지만 여기서 제대로 독해하고자 한다면 우리에게 중요한 것은, '의무에 부합하는pflichtmässig' 것이라는 주제에 대한 칸트의 논증을 반복하는 것이 아니라, 오히려 칸트에 대항하여 칸트 없이 빚과 의무 너머에, 따라서 순수 의무에 의해 aus reiner Pflicht 행해지는 것 너머에 이르는 것이다. 이렇게 이어진다.

릴 수 있는 것인 이유는 그것이 타자, [즉] 항상 불안하게 하는 이 뜻밖의 손님에서 비롯된 불법 침입을 하러 오기 때문이다. 그것은 우리의 세기말—데리다가 이해하는 의미의—'유령들' 중 하나다.

히브리어에서는 '시간을 직조하는 것'이 '초대하는 것'과 서로 맞바꿀 수 있는 말이라고 하니, 이 기이한étrange 언어 이해는 과연 무엇일까? 그것은 시간의 생산에는 두 명이 필요하다는 것을, 아니 차라리 타자가 있어야만 했다는 것을, 근원적 타자의 불법 침늘 저녁》*을 펼쳐 '환대의 법들'이라는 제목으로 된 **피할 수 없는** 헌장을 읽기 시작했었다. 이 "육필 원고"는 화자가 "내 삼촌 옥타브"라고 부르는 삼촌이 손님방의 침대 저 위에, "방문자용 침실 벽"에—유리를 씌워—걸어 놓은 것이다. 피할 수 없지만 [동시에] 피할 수 있는 헌장이다. 왜냐하면 그 헌장이 위치해 있는 곳(침대 저 위, 그리고 책의 맨 앞 장에서 몇 장 지나지 않은 곳은 사람들이 그것이 있다는 것을 알지 못하고 지나갈 수는 없지만 그것을 읽는 것을 항상 생략할 수도 있기 때문이다.

이 "육필 원고"를 그는 "유리를 씌운 액자에 넣어 방문자용 침실 벽에 걸어놓았다." 따라서 그것은 저 높이 걸려 있다. 매우-높음이라는 이 수직성이야말로 법들의 자리이다. 하지만 또한 모든 기대 지평과 모든 가능한 예상을 뒤엎고, 불시에 피할 수 없이 도착하는 것의 자리이기도 하다. 피할 수도 접근할 수도 만질 수도 없는 이 "육필 원고"는 확실히 침대 저 위에 법 자체처럼 있으면서도 머리를 겨누는 어떤 장검처럼 위협적인 모습으로 자리 잡고 있다. 그 장소는 손님이 휴식하는 장소이지만 또한 그 누구라도 계속 모를 수는 없는 그 법조문을 읽지 않을 수 없을 곳, 읽지 않을 수 없었을 곳이지만 읽는 것을 빠뜨릴 수 있을 곳, 읽는 것을 빠뜨릴 수 있었을 곳이기도 하다.

방문자들이 잠자거나 꿈꾸거나 사랑을 나눌 때, 법들은

---

* 인용문의 번역에 다음 판본을 참조했다. Pierre Klossowski, *Roberte ce soir*, avec six illustrations de l'auteur, Éditions de Minuit, 1953.

입이 필요하다는 것을 나타내니 말이다. 장래는 우리에게 타자가 오는 것처럼, 절대적으로 기습하는 것처럼 주어진다. 그래서 언어는 나 자신과 타자 사이의 거리를 끊으려고 하지 않고 그 거리를 파고들어가려고 한다. 이것이 바로, 항상 자신의 강박들을 둘러싸고 스스로를 폐쇄할 채비가 되어 있는 비인간성의 속죄로서의 정치적인 것의 공간을 그 내부로부터 작동하게 하는 것이다. 레비나스는 이렇게 쓰고 있다. "다른 사람에 대한 살해는 그에게 '나는 존재이들의 머리 저 위에서 지켜보고 있다. 법들은 무감정한 하나의 장소, 차가운 법들의 장소에서, 이렇게 유리로 된 무덤으로부터 이들을 지켜보고 이들을 감시하고 있다. 이 유리 밑에서 과거의 어떤 세대가 (여기서는 삼촌의 세대가) 법들을 정립했고 배치했고 부과했을 터이다. 법은 항상 정립된 것이고 심지어 특정한 본성에 대립해 있기까지 하다. 법은 제도화된 명제(*nomos, thesis*)이다. "유리 밑", 바로 여기에는 어떠한 변형도 겪을 수 없고, 아마도 손 닿을 수 없지만 볼 수 있는, 그리고 성문법들이 마땅히 그러해야 하듯이, 볼 수 있는 것 이상으로 읽을 수 있는 환대의 법들이 있다. 그것들은 우리가 지난 번 세미나를 통해 들을 수 있었던, 그 유명한 의인법을 통해 자신들의 것이라고 가정된 목소리로 소크라테스에게 말 건넸던 그 법들이 아니라 성문화된 법들이다. 요컨대 법들은 오직 명령하기 위해서만—또 자신들의 고유한 도착증에 처방을 내리기 위해서만—거기에 있다. 법들은 손님들을 지켜보기 위해, 그 고유한 도착증을 지켜보기 위해, 거기 유리 밑에 있다. 우리가 길게 우회하는 동안 그 법들은 우리를 계속 기다릴 것이다. 왜냐하면 우리가 이 성문화된 법들로부터 즉각적으로 떠올리게 되는 것은 안티고네가 자신의 남자 형제들에게 땅의 그리고 매장의 환대를 제공하기 위해 위반해야 했을 법들이기 때문이다. 여자 이방인인 안티고네의 아버지가 국경을 넘어 환대를 청하고자 이방인들에게 말 건네는 순간, 그녀는 법 바깥에서 자신의 아버지를 수행하는 중이었다. 그리고 《콜로노스의 오한다'고 말하는 것을 불가능하게 한다. '나는 존재한다'는 것이 '내가 여기 있다'인 한에서." 이에 대해 데리다는 "불쑥 나타나서 트라우마를 입히는 손님의 '내가 여기 있다'로서"라고 덧붙인다.*

---

* 데리다의 저서 《아듀 레비나스》(문성원 옮김, 문학과지성사, 2016)의 33-34쪽 각주 47을 참조할 것. "내가 여기 있다"라는 구절은 〈이사야서〉 6장 8절에 있으며, 여호와의 부름에 대해 선지자 이사야가 "제가 여기에 있습니다. 나를 보내어 주십시오"라고 대답하는 장면에서 유래한 말이다.

이디푸스》 끝부분에 나오듯이, 안티고네의 눈먼 아버지는 사람들이 항상 원했던 대로는 아닌 방식으로 이방인의 땅에서 죽게 되는, 위반된 환대라는 이 이상한 경험을 잘 예시해 주고 있기 때문이다.

탈선에서 탈선으로, 우리는 세미나를 시작할 때 이방인의 물음을 자리 이동시켜야 했던 것을 기억한다. [지금은] 출생에서 죽음으로 이동할 것이다. 사람들은 습관적으로 출생에서 출발하여 이방인이나 외국인, [즉] 가족이나 국민에 관련된 이방인을 정의한다. 영토의 법이나 혈통의 법에서 출발하여 사람들이 이방인에게 시민권을 제공하든 거부하든 이방인은 출생에 의해 이방인이며, 그는 출생부터 이방인이다. 반대로 여기서는 죽음 및 애도의 경험이, 무엇보다 매장의 장소가, 말하자면 결정 요인이 된다. 이방인의 물음은 죽을 때 일어나는 일과, 그리고 무엇보다 여행자가 이국의 땅에서 영면할 때와 관계가 있다.

'강제이주자들', [즉] 망명자들, 유형자들, 추방자들, 실향민들, 유랑민들에게는 공통적으로 두 가지 한숨, 두 가지 향수가 있다. 바로 그들 자신의 죽음과 그들의 언어에 관한 것이다. **한편**, 그들은 최소한 순례의 차원에서라도 그들의 매장된 죽은 가족들이 그들의 최후 거처로 묻혀 있는 장소로 되돌아가고자 할 것이다. (가족들의 최후 거처는 이곳에 에토스, [즉] 자기-집이나 도시나 나라를 정의하기 위한 기준점으로서의 거처를 설정한다. 부모, 아버지, 어머니, 조부모가 안식하고 있는 이곳은 모든 여행과 모든 거리가 이로부터 측

과장법

끝으로 나는 한 개념이나 여러 개념을 '그 한계까지 이행하게 만드는' 데리다 특유의 방식을 지적하고자 한다. 이러한 과장들을 식별하기 위해, 나는 그의 담화에 있는 단어 하나하나를 때로는 거의 모두 옮기다시피 하게 될 것이다. 두 가지 예만 들어 보겠다. 철학적 이야기의 '서스펜스'를 독자의 몫으로 남겨 두고자 의도적으로 이

정되어야 할 부동성의 장소로서의 안식처인 것이다.) **다른 한편**, 망명자들, 유형자들, 추방자들, 실향민들, 무국적자들, 무법의 유목민들, [즉] 절대적 이방인들은 언어, 이른바 모국어가 그들의 궁극적인 고향, 심지어 그들의 최후의 거처임을 계속해서 인정한다. 이는 언젠가 한나 아렌트가 들려준 대답이다. 그녀는 언어를 제외하면 더는 자신을 독일인으로 느끼지 않는다는 것이다.[1] 마치 언어가 소속의 **잔여**이기라도 한 것처럼 말이다. 하지만 나중에 이 문제로 돌아오겠지만 사태는 더 꼬여 있게 마련이다. 바로 그런 이유 때문에 언어가 또한 소속의 최초이자 최후의 조건으로 나타난다면, 언어는 또한 비전유expropriation의 경험, 환원 불가능한 **탈전유**exapropriation의 경험이기도 하다.* 이른바 '모국의' 언

---

[1] *Le Monolinguisme de l'autre*, Galilée, 1996, p. 100 sq를 참조하라. [이 구절은 *Hannah Arendt: The Last Interview and Other Conversations*, Melville House, 2013에 대한 국역본《한나 아렌트의 말》, 한나 아렌트 지음, 윤철희 옮김, 마음산책, 2016, 49쪽에 실려 있다.]

* 이 용어들은《마르크스의 유령들*Spectre de Marx*》(자크 데리다 지음, 진태원 옮김, 그린비, 2014년 이후 2쇄) 397쪽, 〈옮긴이의 용어해설〉에 자세한 설명이 나와 있다. 이에 따르면 'expropriation'은 보통 '몰수'의 의미로 사용되지만, 데리다의 맥락에서는 '소유하지 않는 것', '소유를 그만두는 것'을 의미한다. 그리고 'exappropriation'은 데리다가 *Spectre de Marx* 등에서 여러 차례 사용한 신조어로서, 간단히 말하면 '전유'에 대한 저항을 의미한다.

지금 소개되고 있는 강의의 맥락에서 이 두 단어는 모국어조차도 타자의 언어일 수밖에 없는 역설을 가리키기 위한 것이다.《비밀의 취향*Le goût du secret*》(자크 데리다 · 마우리치오 페라리스 지음, 김민호 옮김, 이학사, 2022) 168-169쪽을 참조하여 말해 보면, 나의 모국어는 다른 사람이 쓰는 언어를 나의 것으로 만드는 '전유'에 의한 것이지만, 엄밀히 말해 이 언어가 나에게 속해 있다거나 내가 그 언어에 속해 있다고는 볼 수 없다. 오히려 소유 관계가 아니기 때문에 나는 나의 고유어를 가질 수 있다. 데리다는 이것을 '비전유'의 의미로

책에 소개된 세미나로부터 이 예들을 끌어오지는 않았다. 첫 번째는 광기에 관한 것이고, 두 번째는 유령에 관한 것이다.

데리다는 언어 속에서 '항상'의 경험을 타자와 자기 자신에 대한 충실성이라고 인정하는 것에서 시작한다. "망명의 형태들은 다양할 수 있지만 언어만큼은 사람들이 지니고 가는 것이다."

데리다는 한나 아렌트의 인터뷰 내용을 인용한다. 그녀는 어느 기자가 "나치주의를 겪었는데도 독일어에 충실한 이유가 무엇입니어는 이미 '타자의 언어'인 것이다. 만일 여기서 언어가 조국이라고, 말하자면 망명자들, 이방인들, 세상을 유랑하는 모든 유대인들이 자기 신발창에 들러붙은 것처럼 가지고 다니는 것이라고 우리가 말한다면, 이는 하나의 괴물 같은 신체, 하나의 불가능한 신체, 그의 입과 혀가 발을 끌고 가는, 다시 말해 발아래 끌고 가는 하나의 신체를 상기시키기 위해서는 아니다. 왜냐하면 여기에서도 여전히 **발걸음**이, [즉] 진행의, 공격의, 위반의, 탈선의 발걸음이 문제되고 있을 것이기 때문이다. 실제로 언어란, 이른바 모국어란, 사람들이 자신과 함께 지니고 다니는 모국어란, 우리가 또한 출생부터 죽음까지 가지고 가는 언어란 무엇을 부르는 이름일까? 그것은 우리를 결코 떠나지 않는 자기-집을 나타내는 것이 아닐까? 고유한 것이나 소유물이 아닐까? 또는 우리 신체에 가장 가까이 있고, 우리가 항상 되돌아오게 되는 가장 양도 불가능한 장소, 의복이나 텐트와 같은 일종의 이동식 주거에 장소를 제공할, 적어도 소유물에 대한 **환상**이 아닐까? 이러한 의미의 모국어는 사람들이 자기 위에 걸치고 있는 일종의 이차적인 피부, 이동식 자기-집이 아닐까? 하지만 우리와 함께 이동한다는 점에서 또한 이동 불가능한 자기-집이 아닐까?

설명한다. 나아가 언어는 그 사용 과정에서 언어와 나 사이의 '비전유'의 관계를 끊임없이 깨뜨리면서도 동시에 기존의 전유에 계속 저항하는 무한한 '탈전유'의 운동 속에 있다.

까?"라고 묻자 "그럼 어떻게 합니까, 그래도 미쳐버린 것이 독일어는 아니니까요!" 그리고 덧붙여 "어떤 언어도 모국어를 대신할 수는 없거든요"라고 말한 바 있다.

"…마치 광기가 언어에 깃들어 있을 수 있음을 한나 아렌트는 상상도 하지 못했던 것처럼…"이라며, 데리다는 [아렌트의 이 말에] 언급을 남긴다. 경악이나 놀란 척하기야말로 한계로의 최초의 이행을 이미 실행하는 것이다.

지난 시간 우리는 이 새로운 원격 기술들, [즉] 전화나 텔레비전이나 팩스나 이메일이나 인터넷 등 이 모든 기계들이, 자기-집 내부 곳곳에 차단을, 장소의 탈-정착을, 집의 탈-장소화를, 불법 침입을 들여온다는 사실을 환기한 바 있다. 그런데 말, 모국어는 단지 저항하지 않는 자기-집에 불과한 것이 아니며, 사람들이 이 탈-장소화에 대한 저항세력, 대항-세력으로 대립시키는 자기의 자기성에 불과한 것도 아니다. 언어는 나와 함께 이동하기 **때문에** 모든 이동성에 저항한다. 언어는 가장 분리되지 않는 사물이며, 모든 이동성들을 안정적이지만 운반 가능하게 하는 조건으로 남아 있는, 가장 이동 불가능한 사물이자 최대한의 이동성을 지닌 고유한 신체이다. 팩스나 '휴대' 전화를 사용하기 위해서는 언어라고 불리는, [즉] '자기가 말한 것을 말하면서 듣도록' 허용하는, 입과 귀라고 불리는 가장 이동성이 큰 전화기들을 나는 내 [몸] 위에, 나와 함께, 내 안에, 나처럼 지니고 다녀야 한다.

우리는 여기서 가장 깨뜨릴 수 없는 환상들을 서술하고 있지만, 그렇다고 그것들을 신임하자는 것은 아니다. 왜냐하면 이처럼 나를 벗어나지 않는 것인 언어는, 또한 환상을 넘어 **현실에서 필연적으로** 끊임없이 나를 갈라놓는 것이기도 하기 때문이다. 언어는 오직 **나로부터 출발해서만** 나아간다. 또한 언어는 내가 출발하는 지점이자 내가 나를 바꾸고 내가 나와 분리되는 지점이 된다. 나를 떠나와 나와 분리되는 지점 말이다. '자기가 말한 것을 말하면서 듣기', 일전에 말

실제로 데리다는 언어가 야만의 공모자일 수 있다는 것을 그녀가 상상도 못한 데 대해 스스로 경악한다. 언어는 우리가 가진 가장 친밀하지만 또한 가장 공통적인 것이고, 언어는 타자 및 세상과 우리와의 관계를 지휘하는 것이고, 또 언어의 법칙은 특정 침묵의 야만으로부터 우리를 떼어 놓는 것이다. "마치 아렌트의 대답이라는 허약한 건축물이 절대 악에 맞서 속죄의 가능성을 보존하고 싶어 하는 것처럼"이라며, 데리다는 아렌트가 하지 않은 말을 향해 우리한 '자기 혼자 말한 것을 말하면서 듣기'라는 "자기-감응"*, '상대에게 말한 것을 말하면서 듣기', '언어로 된 자기 말 또는 입에서 나온 자기 말을 귀로 듣기', 그것이야말로 이동성들 가운데 가장 이동성이 큰 것이다. 왜냐하면 [그것은] 모든 이동식 전화들 가운데 가장 비이동적인 것, 영점零點이며, 모든 이동들의 절대적 지반이기 때문이다. 그리고 이 때문에 사람들은, 흔히 말하듯이 언어에 대해 마치 신발 밑창에 들러붙은 것처럼 매 발걸음마다 언어를 지니고 다닌다고 생각한다. 하지만 [언어는] 이처럼 언제나 자기와 분리되며, 자기를 떠나 그 동일한 발걸음으로 자기 기원의 장소를 끊임없이 벗어나고 있는 것과 결코 끝장을 내지 못한다.

《콜로노스의 오이디푸스》의 마지막에서 무슨 일이 일어나는가? 앞에서 우리가 말했듯이 오이디푸스는 말하자면 이 이상한 환대의 경험, [즉] 사람들이 항상 원했던 대로는 아닌 방식인, 타지에서 죽는 그런 경험을 예시해 보인다. 성문화된 그리고 비성문화된 법들로부터 [유래된] 이 비극에서, 자신의 죽은 오빠들 중 한 명에게 제공했었을 마지막 의무의 경험을 겪기에 앞서, 안티고네는 자기 아버지를 매장

---

* '자신이 말하는 것을 말하면서 듣기'로 대표되는 이 문장은 '말하는 자기'와 '듣는 자기' 사이의 매개 없는 근접성을 나타낸다. 이러한 근접성은 데리다가 그의 초기 작품인 《목소리와 현상*La voix et le phenomene*》에서부터 비판 작업을 해왔던 음성중심주의의 핵심에 놓여 있다. 데카르트부터 시작된 '자기-촉발auto-affection' 개념 역시 인간의 내적 능력을 가리키기 위해 사용해왔던 표현이다. 여기서는 '자신이 말하는 것을 말하면서 듣기'가 지닌 자기에 대한 직접적 지각의 의미를 강조하기 위해 '자기-감응auto-affection'이라고 옮겼다.

를 안내한다. 그리고 그는 '독일어'를 모국어 쪽으로, 또 '미친'이라는 형용사를 공포 및 맹목과 엮어 광기 전체 쪽으로 몰아붙이면서 그렇게 한다. 데리다는 아렌트가 흔적을 지워 버리려고 하는 것을 부인을 통해 더욱 부각하게 되는 것처럼, 그녀가 확실성을 확인하고자 하는 바로 그곳에 의심의 씨앗을 뿌리고 있음을 우리에게 보여준다. 왜냐하면 데리다가 물음의 수수께끼적인 장소를 지탱하는 [밤의] 야행성의 측면을 간파해낼 때 데리다의 듣기는 거의 정신분

하는 일을 박탈당하고 특히 자기 누이 이스메네와 함께 아버지의 최후의 거처에 관한 **앎**조차 박탈당하는 일을 겪으면서, 그것을 "끔찍한 일"이라고 부른다. 그리고 더 최악은 [그 일이] 아버지에 **의한** 것이고 아버지 자신의 맹세에 따른 것이라는 점, [즉] 서약에 따른 것이라는 점이다. 사실 오이디푸스는 죽는 순간에 테세우스에게, 특히 자기 딸들을 포함한 그 누구에게도 자기 무덤이 있게 될 장소를 절대 밝히지 말라고 엄명했다. 그는 마치 자신을 사랑하는 딸들에게 애도를 위한 주소조차 남기지 않고 떠나기를 원했던 것 같다. 그는 심지어 더 이상 행할 수 없는 그런 애도를 통해 그 애도를 딸들에게 무한히 가중시키고 짐 지우고자 했던 것처럼 행동한다. 그는 딸들의 애도를 그들로부터 박탈하고자 하며, 그리하여 그들의 애도의 애도를 이처럼 행하도록 강제한다. 이보다 관대하고 이보다 더 지독한 선물의 형태를 아는가? 오이디푸스는 자기 딸들에게 애도의 시간조차 선사하지 않으며, 그들의 애도 시간을 거부한다. 하지만 바로 이를 통해 그는 딸들에게 여전히 제한 없는 집행유예, 일종의 무한한 시간을 동시에 제공한다.

〔대위법: 상대적으로 독립적이면서도 다중음성 속에 겹쳐 있는 이차적 모티프. 지금부터는 오이디푸스의, 위반자인 '아들이자 아버지'의, 법 밖의(*anomos*) '아들이자 아버지'의, '자기 딸들의 오빠이자 아버지'의 죽음 및 매장에 관해 말해질 것들을, 거의 소리 없는, 차라리 **묵설법**의 의미에

석적이기 때문이다.

한계로의 이 이행이 일단 실행되고 나면, 데리다는 자기 앞에 펼쳐진 영토의 새로운 모습을, [즉] 광기 그 자체의 장소처럼 나타난 언어를 관찰한다.

"어머니와의 관계에는 그것이 우리를 자기-집의 수수께끼적인 것으로 우리를 인도한다는 점에서 광기가 있다. 어머니의 광기는 자기-집을 위험에 빠트린다. 단 하나뿐인 대체 불가능한 것으로서서 과묵한 명상의 대위법으로 여러분은 들을 수 있을 것이다. 여러분도 알다시피 묵설법이란 웅변보다 더 많은 것을 들을 수 있도록 해주는 의도적 **침묵-하기**의 형상을 지니고 있다. 또한 이 대위법을 분석하기 위해 성찰할 만한 일로 파리의 노트르담과 자르나크 사이를 가로지르며 얼마 전 일어났던 일*을 들 수 있다. 오이디푸스의 매장과 정반대의 일이자 동시에 같은 일이지만, 인류 역사상, 어쨌든 국가 그 자체로서의 역사와 그 국가적 형상 내에서는 단 한 번 일어난 사건이다. 한 장례식에서 다른 장례식으로 이어지는 두 개의 장례식 사이에, 한 가족이자 두 가족 사이에는 유일한 가장(*pater-familias*), 집의 유일한 주인이자 국가의 수장, 사적인 인간이면서 군주인 인간이 있으며, 두 아들과 유일한 딸이 있다. 그 딸은 이스메네 없는 안티고네, 비성문화된 법과 단독적인 관계를 유지해야 하는 유일한 딸이다. 우리는 여기서 그에 대해 아무 말도 하지 않겠다. 어쩌면 여러분 자신이 각자의 발걸음마다 그에 대해 생각할지도 모르겠다. 그리고 원한다면 토론 시간에 그에 대해 자유롭게 되돌아올 수 있을 것이다. 그 점에 대해 강의용 메모만으로 다루기에는 할 말이 너무 많을 것 같다. — 데리다〕

* 1996년 1월 8일 사망한 프랑스의 대통령 미테랑의 장례식을 가리킨다. 공식적인 장례식은 파리의 노트르담 성당에서 진행되었지만, 바로 이어서 가족 장례식이 고향 자르나크에서 진행되었다. 여기에는 그의 부인 다니엘 미테랑 및 그 사이에서 태어난 두 아들만이 아니라 오랜 기간 그의 정부였던 안 팽조 및 그 사이에서 태어난 딸이 참석했다.

의, 언어의 장소로서의 어머니는 광기의 항상 열려 있는 이 가능성으로서 광기를 가능하게 만드는 바로 그것이다."

아렌트가 옹호하는 언어의 비밀스럽고 내밀한 현실réalité은, 그녀가 "대신할 수 없는 것"이라고 말했던 이 모국어는 그 안에 탈-이성, 트라우마, 증오를 피난시켜 놓고 있다. 모국어는 "단 하나뿐인 대체 불가능한" 어머니의 이미지에 속해 있다고, 또 이 어머니의 품속에서 욕망과 사랑으로 충만한 근접한 세상이 공포로 변질될 따라서 오이디푸스는 죽음의 문턱에서 테세우스에게 이렇게 선언한다.

> 따라서 아이게우스의 아들이여, 나는 그대와 그대의 도시에게 세월에도 변치 않고 보물로 간직할 만한 것을 가르쳐 주겠소. 〔결국 이것은 가르침(*didaxo*)이다. — 데리다〕 이제 곧 나는 인도자의 도움 없이 혼자서, 내가 죽을 장소〔이는 '*Khoron*'인데, '*Khora*'처럼 장소, 사이, 자리, 거처할 장소, 지역, 나라[를 의미한]다. — 데리다〕로 가는 길을 그대에게 보여주겠소.*

오이디푸스는 이렇게 거처를, 자신의 최후의 거처를 선택하고자 한다. 그는 거처를 선택할 때 혼자이고자 하며, 거처에 대해 결정할 **때** 혼자이며, 이것 자체**로 인해** 혼자이며, 자신이 죽어 묻히게 될 장소에 스스로 가고자 고집하기 **때문에** 혼자이다. 그는 자기 자신의 장례를 비밀리에, 정확히 말하면 거의 비밀리에 진행한다. 왜냐하면 그러한 비밀을 지켜 달라고 **청할** 때, 그는 비밀을 또한 맡겨야 하기 때문이다. 그는 테세우스에게 그 비밀을 맹세하게 한다.

사실 그는 테세우스에게조차도 이 비밀을 **미리** 밝히지 않는다. 그는 비밀을 예고하기는 하지만, 간직된 비밀, 간직해야 할 비밀이 하나 있다는 것만 알려준다. 하지만 그는 비

* 앞의 4강과 같은 책(《소포클레스 비극 전집》, 제2판 4쇄, 소포클레스 지음, 천병희 옮김, 도서출판 숲, 2022) 218쪽 참조함.

수 있다고, 광기에 지체 없이 휘말릴 수 있는 존재가 어머니라고 데리다는 강조한다. 제정신 아닌 우주가 처절하고 거의 생각도 할 수 없는 방식으로, 어머니에 의해 주어진 세계를 대신할 것이라는 불안이 가장 친숙한 것에서 솟아오른다.

"가장 근접한 사람에 대한 이 통제 불가능한 분출이 일어나는 언저리에서, 광기의 본질은 환대의 본질과 연관되어야 한다."

이어서 데리다는 한계로의 새로운 이행을 실행하는데, 그것은

밀을 밝히게 될 텐데, 그 시기는 도착지에, 무덤가에, 최후의 거처가 있는 장소에 도착한 후가 될 것이다.

하지만 그대는 다른 누구에게도 그 장소를 말하지 마오. 그 장소가 어느 곳에 숨어 있는지, 어느 지역에 자리 잡고 있는지도 말이오. 그러면 그 장소는 무수한 방패에 맞먹는, 이웃 나라에서 도우러 온 한 무리의 지원병에 맞먹는 도움을 그대에게 줄 것이오. 말이 소문을 퍼뜨릴 권리가 없는 신성한 수수께끼〔'*A d'exagista mede kineitai logô*'를 문자 그대로 해석하면, 말을 하면 안 되는 가장 불순하고 가장 저주받은 사물, 말로 모독해서는 안 되는 비밀, 건드려져도 안 되고 로고스에 의해, 담화에 의해 작동되어서도 안 되는 저주받은 사물이다. — 데리다〕, 이 비밀은 그대가 일단 그곳에 가면 스스로 배우게 될 것이오. 그대 혼자서 가야 하오. 왜냐하면 나는 그 비밀을 누구에게도 밝힐 수 없으니 〔오이디푸스가 죽어서 매장될 이 장소는 따라서 저주받은 비밀이다. 그런데 이 비밀을 오이디푸스는 누군가에게, [즉] 테세우스에게 맡긴다. 이 비밀을 심지어는 자기 자신에게조차 맡길 수 없다고 테세우스에게 말하면서. 테세우스가 자신의 최후의 거처까지, 자신의 최후의 체재지까지, 자신의 최후의 거주지까지 자신을 바래다 주면 테세우스 스스로 그 비밀을 발견할 것이며 그때부터는 그 비밀을 숨겨야 할 것이라고 그가 테세우스에게 말할 때의 바로 그 비밀을, 마치 어느 정도는 오이디푸스 자신도 모르고 있었다는 듯이. — 데리다〕… 왜냐하면 모성적 광기가 무언가 **광기의 본질**을 엿보게 해준다고 우리에게 말할 때이다. 그는 모어母語가 "타자 안에 있는 자기-집"—환대에 개방된 장소 없는 장소—의 은유라고 생각하도록 우리를 이끈다. 또 모어가 그 자체로 **환대의 본질**을 가리킨다고 생각하도록 우리를 이끈다.

한계로의 이 이행들로 인해 우리는 "가장 근접한 자에 대한 통제 불가능한 분출" 속에 있는 환대의 오염을 읽어낼 수 있게 된다.

나 자신은 누구에게도, 이곳 시민들 중 아무에게도, 나 자신의 자식들에게도, 비록 내가 그들을 사랑하기는 하지만, 그 비밀을 밝힐 수 없기 때문이오. 〔"**비록** 내가 그들을 사랑하기는 하지만": 마치 사랑한다는 것이, 자신이 **어디서** 죽는지, 어디서 **죽었는지**, 죽어서 어디에 있는지, 일단 죽고 나서 어디에 **있는지**를 사랑하는 사람들에게 알려줌으로써 성립하는 이 궁극적 사랑의 증거를 통해 결국은 전해져야만 하는 것 자체이기라도 한 것처럼. 그리고 마치 오이디푸스가 이 궁극적인 사랑의 증거를, 자신의 사랑을 바치는 자에게, 자신이 사랑하는 자에게, 자기 딸들과 아들들에게, 여기서는 자기 딸들인 안티고네와 이스메네에게 줄 권리를 박탈당한 것처럼. 그러니까 그는 자신이 사랑하는 딸들에게, 자기 죽음의 장소를, **자신이 죽어 있는 그곳을**, 자신이 죽어 있는, 일단 죽어 있는, 일단 죽었기에 죽어 있는, 일단 죽었고 영원히 죽었기에 단 한 번 죽어 있는 그곳을 자신이 사랑하는 딸들에게 밝히는 일로부터 박탈되어 있다는 것이다. 마치 그가 자기 슬하의 딸들을 박탈당한 것처럼, 마치 그에게 딸들이 없는 것처럼, 마치 그에게 더는 딸들이 없거나 딸들이 있어 본 적도 없는 것처럼. — 데리다〕 … 왜냐하면 나 자신은 누구에게도, 이곳 시민들 중 아무에게도, 나 자신의 자식들에게도, 비록 내가 그들을 사랑하기는 하지만, 그 비밀을 밝힐 수 없기 때문이오. 그대는 이 비밀을 언제까지나 혼자서 간직하오. 〔그대는 이 비밀을 언제까지나 보호하라(*all'autos aiei sôze*). 그리고 언제까지나(*aiei*), '언제나tout le temps'는 이 이것은 자신의 광기를 모성에서 차용해 와서 생겨나는 폭력의 확산이 근접성을 대신할 때 일어난다. 데리다는 인질 전쟁이나 일반 시민들을 상대로 행해진 테러 행위와 같은 사건들에서 동일한 본성의 '내밀한' 폭력이 재분출하고 있음을 감지한다. 그러나 그가 이 지점에서 또한 매우 가까이서 검토하고 있는 것은, 항상 가능한 법의 도착증에서 출발한 환대의 적대로의 전환이다.

데리다는 "언어라는 어머니의 광기는 법-바깥의-사람이 있는 구원의 시간, 즉 그가 죽어-있는 장소에 관해 비밀이 보호되는 시간이다. — 데리다] 그대는 이 비밀을 언제까지나 혼자서 간직하오. 그리고 인생의 종말에 이르면(*telos tou zen*), 이 비밀을 최적임자*에게만 맡기도록 하오. 그리고 그가 [죽을] 차례가 오면 계속해서 그의 후계자에게 밝히도록 하오.†

이 담화의 논리에 따라 우리가 방금 들은 담화와 뒤따를 담화에 보조를 맞춰 보면, 우리는 이 계산의 측정범위를 가늠할 수 있다. 그리고 제시된 조건들과 관련하여 특히 그렇다. 전통은 이 대가를 치름으로써 보장될 것이다. 훌륭한 전통, 도시를 구할 전통, 도시의 정치적 안녕을 보장할 전통은 전통 자체와 마찬가지로 하나의 비밀이 전달됨으로써 지탱될 것이라고 말해진다. 어느 것이든 살아 있는 비밀이 전달됨으로써가 아니라, 한 죽음의, 말하자면 오이디푸스 죽음의 은밀한 장소와 관련된 한 비밀이 전달됨으로써. 비밀스러운 앎, 앎과 관련된 비밀, 요컨대 위대한 위반자, 법-바깥의-사람, [즉] 눈먼 무법자'*anomos*가 어디서 죽는지를 아는 것과 관련한 비밀이 전달됨으로써. 그는 그 자신, 그 이방인도 일단 죽어-있어야 알게 될 장소와 관련하여 다른 사람들에게 지키라고 명령하는 이 비밀을 자기 자신에게 맡길 수조차 없기에.

---

* 같은 책에는 '장남'으로 옮겨져 있다.

† 같은 책, 218-219쪽 참조함.

장소로부터 법을 만드는 어머니의 흔적으로 우리를 데려간다"고 말한다. 데리다는 모성의 심급을 "딸들에게는 비밀에 부친 묘소를 기점으로, 테세우스에게 위임한 비밀과 함께 법을 제정하겠다"고 한 오이디푸스와 연결한다. 데리다는 "그렇다면 아마도 정의로서의 순수한 환대의 법은 가족을 훨씬 넘어서서 환대를 개방하도록 우리에게 명령하는 것일까?"라고 자문한다. 그러나 가족을 (그리고 가족의 연장선상에 있는 모든 구조, [즉] 시민사회, 국가, 국민을) 거부하는 것이 비밀을 최적임자에게만 맡기도록 하오. 그리고 그가 [죽을] 차례가 오면 계속해서 그의 후계자에게 밝히도록 하오. … 이와 같은 방식으로 그대는 땅의 자식들이 가해올 큰 피해로부터 안전하게 그대의 나라를 유지할 수 있을 것이오. 〔땅의 자식들이란 카드모스가 용에게 심은 이빨에서 나온 테베의 종족이다. 테베는 땅의 딸이다. — 데리다〕 제아무리 잘 통치된다 하더라도 얼마나 많은 도시들이 (얼마나 많은 국가들이) 서로 간에 침범(*hybris, kathubrisan*)으로 얽혀 들어 가는지! 신들의 눈은 심지어 아주 오래된 이후라도 하늘을 무시하고 광기(*mainesthai*)로 돌아버린 자들을 반드시 발견해 내고 말 것이오. 〔신들의 눈은 우리의 머리, 또는 침대나 죽음 저 위에 있는 법들처럼 지켜보고 있다. — 데리다〕 아이게우스의 아들이여, 그렇게 되지 않도록〔아테네와 테베 사이에 전쟁이 일어날까 두렵다면 — 데리다〕 결심 잘 하오.*

이렇게 말한 뒤 오이디푸스는 자신이 비밀로 해둔 이 장소로 발걸음을 재촉한다. 그는 신들과의 이 일종의 랑데부에 지체되지 않으려 한다. 여기서 **지체**와 재촉의 모티프를, 이 주행의 시간과 리듬을, 요컨대 이 비극의 발걸음을 표시하는 **정지**와 **재촉**을 따라가 봐야 할 것이다. 오이디푸스는 딸들에게 자신을 따라오라는 말을 건넨다. 지금까지는 딸들

* 같은 책, 219쪽 참조함.

이야말로 순수한 환대가 불가능하다는 것을 확인하는 것이다. 따라서 환대는 이 역설에서부터 사유되어야 한다. "그것은 유럽에서 치러야 할 모든 전투의 공간이 될 것이다"라고 그는 결론을 내린다.

한계로의 이 마지막 이행에서 데리다는 법 및 그 타락 가능성의 문제틀만을 제시하는 것이 아니라, 하나의 보편적 구조를 언어가 서술하는 한에서 언어와의 관계가 사유 속에서 창출하는 것까지도 제시한다. "언어가 획득된 친숙성이지 모태적 친숙성은 아니었

이 맹인인 그를 안내했다. 이제부터는 그가 딸들을 안내할 것이다. 그가 비록 맹인이기는 하지만 앞장서서 방향을 가리키고 길을 지시할 것이다. 그는 딸들에게 자신을 부축하지도 말라고 요구한다. 여기서 접촉 불가능한 것으로 남아 있어야 하는 것은 법이 아니라, 바로 그 무법자l'*anomos*이다.

> 내게 손대지 말고 오너라. 운명이 내가 이 나라에서 묻히기를(*"kruphtenai khtoni"*: 내가 매장되기를, 봉인되기를, 은폐되기를, 내가 내 지하 납골당crypte* 속으로 사라지기를 — 데리다) 요구하는 그 성스러운 무덤(*ton ieron tumbon*)을 나 혼자 발견하게 하여라.†

그러니까 낯선 나라에 온 이방인인 오이디푸스는, 그렇기에 은밀한 장소를 찾아간다. 일종의 불법이민자인 그는 그 장소에서 죽음 속으로 숨게 될 것이다. 파묻히고 매장되어 지하 납골당의 밤 속으로 비밀스럽게 사라져 갈 것이다. 그는 그 자신이 맹인이면서도 자기 딸들과 테세우스를 안내함으로써 그 역할을 뒤바꾼다. 하지만 그 자신은 헤르메스

---

* 'crypte'라는 단어에는 '지하 납골당'의 의미도 있지만 '암호'의 의미도 있다. 또 'crypter' 역시 '감추다'의 의미도 있지만 '암호화하다'의 의미도 있다. 데리다는 오이디푸스의 무덤과 관련하여 이 두 가지 의미를 충분히 활용하면서 글을 전개하고 있다. 오이디푸스의 무덤과 관련된 비밀은 곧 국가 주권과 관련하여 암호 역할을 할 것이다. 번역어는 맥락에 맞춰 서로 다르게 옮겼지만 두 가지 의미를 모두 염두에 두고 독해할 필요가 있다.

† 같은 책, 219쪽 참조함.

던” 작가들과 사상가들을 떠올리면서 데리다는 “언어의 본질은 우정이자 환대이다”라는 레비나스의 이 매우 아름다운 문장을 인용한 다음, “아렌트가 의미의 근원적인 창설자인 대지의 신성성을 옹호했다면, 레비나스나 로젠츠바이크는 법의 신성성을 내세운다”라고 덧붙인다.

나중에 데리다는 모성적인 것과 죽음 사이의 영속적인 유대에 대해 질문하면서 광기와 어머니와 언어 사이의 이 관계로 되돌아올

와 지옥의 여신에 의해 안내받고 있다.

> 그래, 바로 이쪽으로 죽은 자들의 안내자인 헤르메스와 지하의 여신이 함께 나를 데려가고 있어. 빛이여, 그대는 내 눈에 보이지 않지만(*O phôs aphegges*) 그래도 오래전부터 내 것이었지. 오늘 내 육신이 마지막으로 그대와 접촉하는구나.*

우리는 그에게, 그의 최후의 거처의 금지된 장소에 대한 시선의 권리를 여전히 간직하고 싶어하는 맹인에게, 시선 없는 이방인에게, 법 바깥의 이방인에게 귀 기울이고 있다. 우리는 그가, 이 이방인이, 낯설게도 애통해하는 것을 듣는다.

그의 비통, [영어로] 그의 '그리번스grievance'는 무언인가? 그의 애도는 어떤 것인가? 왜 이런 최후의 애도인가? 낮의 빛에 경건하게 영원한 작별을 고하게 될 죽어가는 사람처럼 (왜냐하면 사람은 낮을 보면서 태어나는 한편 낮을 보는 것을 그치면서 죽기 때문인데) 그는, 맹인인 그 또한, 낮을 곧 박탈당해야 하는 것에 대해 울며 탄식한다. 하지만 여기서 결코 자신의 것일 수 없을 낮의 빛을 상실해야만 한다는 것에 대해 애통해하면서, 그 맹인은 **손 닿을 수 있는** 빛, 어루만져진 빛, 어루만지고 있는 태양에 대해 운다. 낮은 그를 만졌고, 그는 낮에, 닿을 수 있고 동시에 만지고 있는 이 빛

* 같은 책, 219쪽 참조함.

것이다. 자신의 고유한 언어가 배반했다고 해서 자기의 [주변] 죽은 자들을 잊듯이 자신의 언어를 잊는 것이 가능한가? "이방인이 죽어서 낯선 이국의 땅에 영면했을 때 이 죽음에서 일어나는 일에 대해 자문해 보는 것이 중요하다. 여러분도 알다시피 망명자들, 유형자들, 추방자들, 실향민들, 유랑민들에게는 공통적으로 두 가지 한숨들, 두 가지 향수들이 있다. 그것은 그들 자신의 죽음들과 언어에에 닿았다. 열기가 보이지 않게 그를 만졌다. 은밀한 곳에, 이 지하 납골당에, 이 암호화된 지하 납골당에 있는 순간에, 어떤 은신처에 묻혀 봉인될 순간에, 그가 박탈당하게 될 것은 바로 빛과의 전무후무한 접촉이다. 하나의 어휘가, 지하 납골당과 은신처와 비밀의 의미군群을 말하는 이 최후의 주소adresse를 지배하고 있다. 주소가 숨겨져 있다고 사람들은 말할 수 있을 것이다. 그리고 오이디푸스가 자기 딸들과 테세우스에게, 그 자신이 부르는바 자신의 "주인hôte, 또는 자신의 사랑하는, 가장 사랑하는 이방인"이라는 그 테세우스에게 주소를 알려준다 하더라도, 어쨌든 그가 비밀 장소에 간다는 것만 알 뿐 그 이상은 전혀 알지 못하는 추상적인 메시지만을 그는 그들에게 건넬 뿐이다. 그가 자기 발걸음을 마지막 거처로 이끄는 이유는 그곳에서 사라지기 위해서이고, 그곳에서 암호화되기 위해서이고, 지하 납골당 속에 암호화된 채 있기 위해서이다.

> 나는 이 발걸음으로 내 인생의 마지막 날을 지하에 숨기러(*krupsôn*) 가는 길이니까. 가장 사랑하는 주인〔이 프랑스어 번역은 '가장 사랑하는 이방인'(*philtate xenôn*)을 옮긴 것이며 이방인들이 [곧] 주인들이라고 말하고 있다. 오이디푸스는 이국땅 비밀의 장소에서 죽으려고 하는 순간, 자신의 주인에게 마치 이방인에게 말하듯이 말한다. — 데리다〕인 그대여, 이 나라여, 그대를 따르는 모든 백성들이여, [그대들은 부디] 행복하시오! 하지만 행복을 누리면서도 번영이 영원

관한 것이다….”*

이렇게 유랑하는 죽음에 대한 표현은 매우 강력해서, 데리다는 우리에게 주체성(출생 언어)의 내밀성과 덧없음을 가장 잘 읽어낼 수 있고 가장 잘 조작할 수 있고 가장 잘 파-낼 수 있는 것(시체)에 연결하는 유대의 허약함으로 이를 제시한 바 있다. 죽은 자는 더는

* 이 책에 실린 데리다의 텍스트 127쪽을 참조할 것.

히 그대들의 몫이기를 바라거든 내 비록 죽었더라도 나를 잊지 마오.*

이 순간은 사라질 순간, 암호화될 순간이고, 적어도 두 번 암호화될 순간이다. 마치 두 곳의 장소, 두 개의 사건, 두 번의 자리-가짐[발생함]l'avoir-lieu의 순간이 있었던 것처럼. 두 번 도난당한 한 시신의 매장과 실종이라는 두 가지 시간[이 있다]. 한 번은 그가 이미 상실했던 빛을 상실하고 이미 박탈된 낮의 박탈을 스스로 목도하면서 죽어가던 때이고, 다른 한 번은 이국의 땅에, 단지 멀기만 한 것이 아니라 접근할 수도 없는 자리에 묻힌 때이다. 오이디푸스는 그때 사람들에게 자신을 잊지 말아 달라고 부탁한다. 그는 죽은 자신을 지켜 달라고 부탁한다. 그는 이를 청하고 부탁하지만, 이 부탁은 명령이다. 이 부탁은 위협을 느끼게 하며, 협박을 준비하거나 예고한다. 어쨌든 이 부탁은 협박과 혼동될 정도로 유사하다. 오이디푸스는 사람들에게 자기를 잊지 말라고 요구한다. "정말로 조심해야 할 것이오! 나를 잊기라도 하면 화가 닥칠 터이니!" 그런데 그의 이 위협적인 부탁과 계산적인 명령은 크세노스에게, 가장 사랑하는 이방인 또는 주인에게, 친구로서의 주인에게 건넨 것이지만, 그때부터 일종의 인질, 죽은 자의 인질, 잠재적 고인의 지배하에 죄수가 되어버린 친구이자 동맹자인 주인에게 건넨 셈이 된다.

---

* 같은 책, 219-220쪽 참조함.

우리에게 속해 있지 않으며, 더는 자기 자신에게도 그 누구에게도 속해 있지 않고 오히려 모든 시대에 걸쳐 우리 문화 속에서 아마도 살아 있는 그 누구보다 더 열정적으로 보호되고 있기에, 그는 신성모독 행위를 할 수 있는 자이다. 이 신성모독 행위는 생존자들을 향한, 그들의 기억을 향한, 그리고 이 기억을 자신의 죽은 자들과 함께 보존하는 영속적인 유대를 향한 범죄이다. 하지만 오이디푸스가 테세우스에게만 밝히고자 하고 그의 딸들에게는 밝히기를 거부한 이처럼 그 주인은, 예수가 어느 정도는 그랬던 것처럼, 오이디푸스 자신의 죽어감mourance이나 거처함demeurance, 자신의 죽어-거처함demou-rance이 선사한 선물을 관리할 책임자이자 그 선물의 희생자인 억류된 인질, 억류된 수령자가 된다. "이것은 내 몸*이니, 나를 추억하면서 내 몸을 지켜 주오." 오이디푸스(이방인을 사랑하는, [즉] *philtate xenôn*)는 자신의 유언을 남기는 때에, 즉 테세우스에게 자기soi에 대한 이 양의적인 독촉과 함께 자신의 지하 납골당의 비밀을 위임하는 신임을 맡기는 바로 그 순간에, 선택받은 이방인 또는 주인인 사랑하는 테세우스에게 이렇게 말을 건넨다. 그리고 이렇게 선택된 주인은 맹세에 묶인 인질이 된다. 그[테세우스]는 자신이 자발적으로 발언했을 그런 맹세가 아닌 바로 이 맹세(*orkos*)에 비대칭적으로 속박된 자기 자신을 발견하게, 그렇다, **발견하게** 되는 것이다. 오이디푸스의 단순한 말 한 마디가 그를 신에게 속박시킨 것이다. 신이 감시하고 있으므로, 테세우스는 이 법-바깥의-사람의 장례에 정성을 기울였다. 또 오이디푸스의 딸들이 그에게 신성한 무덤(*ieron tumbon*)을 보게 해달라고 청할 때, 비밀을 간직한 비밀 장소에 접근할 수 있게 해달라고 애원할 때, 테세우스는 신과 자신이 맺은 맹세(*orkos*)를 내세우며 거절할 것이다. 자신에게 주어지고 맡겨진, 지키

* 프랑스어로 'corps'는 영어로 'body'와 같으며, '시체'와 '몸/신체/육신'을 모두 의미한다. 맥락에 맞춰 옮겼지만, 같은 단어임을 염두에 두고 읽을 필요가 있다.

이 비밀의 내밀성이야말로 오늘날 공적인 자리에서 폭로되고 있는 것이다. 강박적일 정도로 정착적인 우리 사회에서 유목주의의 효과는 우리 각자가 지니고 있는 살아 있는 자의 예측 불가능성을 더 잘 '배치'하려는 것처럼 나날이 확대되고 있다. 이때 변신의 시간들과 장소들은 잠재적으로 위험한 것으로 느껴지며, 또한 가장 돌발적인 역전들이 발생할 수 있는 이 이행의 건널목을 형성한다. [여기서] 내가 말하고자 하는 것은 블랑쇼가 의미했던바 출생에 대해서라고 주어진 비밀에 묶인, 심지어 법에 복종할 것인지 선택하기 전부터 자신 앞에 떨어진 법에 강제되어 그때부터 자신이 지켜야 할 것이 된 비밀에 묶인 선택된 주인을 필두로, 모든 사람은 죽은 자의 인질이다.

(이는 우리를 환대의 비가시적인 극장의 길로, 환대의 법 없는 법으로, 그에 더해 인질들의 전쟁으로 다시 데려간다. "주체는 주인이다"[1]라고 했다가, 몇 년 후에 "주체는 인질이다"[2]라고 한 레비나스의 정식을 상기하자. 이 정식들에 대해 우리는 다른 맥락에서 되돌아올 것이다.)

오이디푸스의 최후. 우리는 그곳에서 합창의 기도를 듣게 된다. "이방인(*xenos*) 오이디푸스가 모든 것을 안에 감추고 있는 죽은 자들의 들판과 스틱스의 집으로 내려가게 해주소서."* 그곳에서 우리는 두 딸의 [통곡을] 듣는다. 테세우스가 비밀을 존중하기로 한 맹세에 속박된 이후, 두 딸은 죽어가는 아버지, 너무 크게 지체하지 않고 죽는 아버지와 헤

---

1 *Totalité et Infini*, 1961, p. 276. [국역본은《전체성과 무한》, 에마뉘엘 레비나스 지음, 김도형 · 문성원 · 손영창 옮김, 그린비, 2018, 451쪽 참조.]

2 *Autrement qu'être ou au-delà de l'essence*, 1974, p. 142. 이에 더해 p. 150, 164, 179, 201, 212 및 '대신함' 장 전체를 참조하라. 레비나스에 대한 이러한 독해는 그 사이에 발전되었을 터이다. (*Adieu à Emmanuel Lévinas*, *Galilée*, 1997을 참조하라.) [*Autrement qu'être ou au-delà de l'essence*에 대한 국역본은 앞서 밝혔듯이 다음과 같다.《존재와 달리 또는 존재성을 넘어》, 에마뉘엘 레비나스 지음, 문성원 옮김, 그린비, 2021.]

* 《소포클레스 비극 전집》, 220쪽 참조함.

그리고 "죽음의 시간"에 대해서이다. 고통을 제거하고 실존을 개선하는데 기여하는 테크놀로지의 매혹은 (그리고 과학적 타당성은) 예를 들면 다음과 동일한 것이다. 오늘날 임신의 모든 단계를 세세히 지켜보기 위해 자궁을 온갖 조사들에 맡겨 완전히 '드러난' 공간으로, [즉] 의학이 그 책임을 지는 '공동의 장소'로 만드는 위험을 감수하는 것과 말이다. 그리고 죽음에 있어서도 사정은 마찬가지이다. 자기 집에서 죽음을 맞이하는 일은 거의 허용되지 않기에, 누군어져야 한다. 내가 조금 전에 암시한 바 있듯이, 지체의 테마는 이 모든 장면에서 집요하다. 어쩌면 이 테마는 심지어 이 마지막 환대 장면 전체에서도 그 장소의 진짜 주인인, 조직적인 시간-거스르기contretemps*의 테마를 담고 있을 것이다. 지체되면 안 된다. 지체를 줄여야 한다. 항상 좀 더 서둘러야 한다. 사람들은 언제나 어떤 방식으로든 지체한다. 과도하게 지체된 것만 의식이 예견하기 때문이다. 두 딸은 통곡한다. 하지만 두 딸은 자신의 아버지를 더는 볼 수 없다는 이유로만 눈물을 흘리는 것은 아니다. ("죽음의 밤이 우리의 두 눈에 내려앉았다"고 안티고네는 말한다.) 두 딸은 자신들의 신세에 대해 **스스로** 애통해하지만, 두 딸, 이 애통해하는 딸들은, 특히 두 가지 점**에 대해** 애통해한다. 두 딸은 두 가지 이유를 들어 변론하고 두 번 고발한다. **한편으로** 자신들의 아버지가 이국땅에서 죽었다는 점, 무엇보다 아버지 자신이 이역만리에서 죽기를 **원했다는** 점이다. 하지만 **다른 한편으로** 아버지의 시신, [즉] **자신들의** 아버지의 시신이 또한 이국땅의 비밀스러운 곳에 봉인된 채 무덤도 없이 매장되었다는 점이다. 물론 묘소 [자체가] 없는 것은 아닐 것이다. 하지만 [봉분 있는] 무덤 없이, 결정 가능한 장소 없이, 묘비 없이, 장소를 지정할 수 있고 경계로 둘러싸인 애도의

---

* 직접적인 뜻은 '지장', '불의의 사고' 등을 의미한다. 데리다의 의미에서는 '지체'와 '재촉'을 모두 포함하는 '때맞지 않음' 또는 '시간에 대항하기'의 의미를 담고 있다. 'l'intempestif'가 '때맞지 않음'으로 옮겨지는 경우가 많아, 'contretemps'은 '대항contre'의 의미를 살려 '시간-거스르기'로 옮겼다.

가가 죽음을 앞둔 사람과 단둘이만 있고 싶어 그의 가까운 사람들 이외의 다른 '증인들'을 물리치고자 한다면 의학적 책임과 관련하여 중대한 위반을 범해야 할 정도이다. 나는 윤리학의 관점에서 말하는 것이 아니라, 존재의 가장 내밀하고 가장 비밀스러운 순간들을 '자기-집'에서 축출해 버리는 이상한 위상학이나 지형학의 관점에서 말하고 있다. 죽음과 탄생이 거처에서 멀리 추방되어 의료진에게 몰수당하는 것을 거부하는 것에는 이행에 대한 부정이 존재하

장소 없이, 멈춰 설 곳 없이 매장되었다. 멈춰 설 장소가 없으니, 결정 가능한 토포스(*topos*)가 없으니, 애도는 거부된 것이다. 또는 같은 말이긴 하지만, 애도는 가능한 애도의 모든 노동을 넘어 한계 없는 애도로, 그 어떤 노동의 도전에도 불구하고 끝날 수 없는 무한한 애도로 약속될 때부터, 장소를 가지는 일 없이, 결정 가능한 장소 없이 약속된다. 유일하게 가능한 애도는 불가능한 애도이다.

[안티고네]의 탄식. 아버지의 시체가 그렇게 은폐되어 있기에 침탈 및 재전유로부터 안전하다는 것을 인정하면서도 안티고네는 이렇게 애통해한다. 그녀는 **자기 자신을** 한탄하고, 타자**에 대하여**, 타자에 대항하여 고발한다(한탄한다 Klagen/고발한다Anklagen). 그녀는 자신의 아버지가 이국땅에서 죽은 것을, 게다가 모든 가능한 장소와는 전혀 다른 장소에 묻히게 된 것을 애통해한다. 그녀는 거부당한 애도에 대해, 어쨌든 눈물 없는 애도에 대해, 울음을 박탈당한 애도에 대해 애통해한다. 그녀는 울 수 없다는 것에 대해 울며, 눈물을 삼켜야 하는 애도를 슬퍼하며 운다. 왜냐하면 그녀는 정말로 울고 있었기 때문이다. 하지만 그녀가 우는 것은, 자기 아버지에 대해서라기보다는, 이렇게 말할 수 있다면, 어쩌면 자신의 애도, 그녀의 박탈당한 애도에 대해서일지도 모른다. 그녀는 정상적 애도를 박탈당한 데 대해 애도한다. 그녀는 자신의 애도를 애도한다. 이것이 가능한 일이라면.

어떻게 애도를 애도할 수 있는가? 어떻게 자신의 애도를 행할 수 없다는 것에 대해 울 수 있는가? 어떻게 자신의 애고 있다. 당신에게 정당하게 속한 것이 아니라며 그곳으로부터 소유를 박탈하는 것이다. 그곳이 가장 위험성이 높은 장소라는 이유로 말이다. 여러분이 소유하지 않은 것과 여러분을 강박하는 것은 아마도 동일한 하나의 것일 수 있다. 아이를 잉태하고 아이에 대해 생각하면서 [그 탄생을] 기다리는 많은 남녀들은 그 점을 잘 알고 있다.

모국어로부터 망명으로, 오이디푸스의 죽음처럼 방랑하는 죽음도의 애도를 행할 수 있는가? 하지만 애도가 끝나야 한다면 달리 어떻게 할 수 있겠는가? 그리고 애도의 애도는 마땅히 끝나지 않아야 하니 [달리 어떻게 할 수 있겠는가]? 애도의 가능성 자체로는 불가능한데 말이다.

바로 이러한 물음이 안티고네의 눈물을 통해 울게 만드는 것이다. 그것은 물음 이상이다. 왜냐하면 물음은 울지 않기 때문이다. 하지만 아마도 그것은 모든 물음의 기원일 것이다. 또 그것은 남자 이방인의—여자 이방인의—물음이기도 하다. 이 눈물을, 누가 그 이전에 보았을까?

우리는 듣게 될 것이다. 안티고네가 우는 눈물을. 그 눈물을 흘리며 그녀는 운다. 이국땅에서, 그리고 한 이국땅 속에서 자신의 죽음 속에 봉인되어 더욱더 이방인인 이방인이 된 채 머물러 있어야 하는 자기 아버지의 죽음에 울어 가면서. 이는, 이 죽음은, 이방인의 이방인-되기, 그의 이방인-되기의 극치를 이룬다. 왜냐하면 죽음과 관련하여, 그 무덤이 가시성을 지녔더라면 이방인은 재전유될 수 있었을 것이며, 그 가시성이 일종의 조국으로의 귀환을 의미할 수도 있었을 것이기 때문이다. 그런데 아니다. 여기서, 죽은 자는 이국땅에서 더욱더 이방인으로 머무른다. **드러난** 묘소가 없고, 가시적으로 현상한 무덤이 없고, 단지 비밀리에 매장만 했다는 점에서, 가족에게조차, 자기 딸에게조차 비가시적인 비-묘소밖에 없다는 점에서. 우리가 방금 전 들었듯이, 그녀는 확실히 불가능한 애도를 슬퍼하며 울고 있다. 하지만 그녀는 감히 바로 그 죽은 자를 향해 그렇게 하고 있다. 사실으로부터 묘소의 비밀에 대한 맹세로, 데리다는 우리에게 그 문턱들을 넘어 보라고 권유한다.

그리고 그가 “맹세란 무엇인가? 그것은 필연적으로 자기 안에 서약 파기의 가능성을 지니고 있는 것이 아닌가?”라고 하면서 맹세에 대해 말할 때, 그는 자신과 우리를 다음과 같은 한계로의 다른 이행에 구속시킨다. 그것은 약속이자 맹세인 어떤 사건이 그 사건을 구성했던 것의 본질 자체의 어떤 것은 완전히 간직함에도 불구상 그녀는 죽은 자에게 소리치고 항의하고 도전하고 있다. 그에 더해 그녀는 죽음 저 너머에 있는 자신의 아버지에게 말을 건넨다. 그녀는 자신에게 이방인이 된, [즉] 그에 대한 자신의 애도를 더는 행할 수조차 없기에 자신에게 이방인이 된, 이방인인 자기 아버지의 유령에게 말을 건넨다. (따라서 이는 어떤 의미에서든 이방인의 물음이고, 여자 이방인이 남자 이방인에게 [건네는] 물음이다.) 죽은 눈먼 법 밖의 이방인 아버지에게 간청과 물음을 건네면서, 그녀는 그에게—우선 그리고 다만—자신을 보아 달라고 청한다. 그보다는 자신이 우는 것을 보아 달라고, 자신의 눈물을 보아 달라고 그녀는 그에게 청한다. 눈물은 두 눈이 무엇보다 보기 위해서가 아니라 울기 위해 만들어진 것임을 말하고 있다. 그녀에게 귀 기울여 보자. 이 안티고네에게. 한 번보다 더 많이 법 바깥에 있었고 한 가지보다 더 많은 명목으로 이방인인, [즉] 이국땅에 죽으러 왔기에 이방인이고, 비밀 장소에 묻혔기에 이방인이고, 가시적인 묘소 없이 묻혔기에 이방인이고, 정상적이라면 가족에 의해 마땅히 받아야 할 애도를 받지 못하여 울음의 대상이 될 수 없었던 이방인 아버지의 유령에게 말을 건네면서 울고 있는 이방인 여자에게 귀 기울여 보자.

스스로를 애통해하고 자기 아버지의 운명을 애통해하고 양쪽 모두를 애통해하다가, 안티고네 자신이 끔찍한 말을 한다. 그녀는 이 끔찍한 운명, [즉] 자기 아버지의 숙명이 아버지 자신에 의해 욕망된 것이었다고 감히 선언한다. 이는 오이디푸스의 욕망, 오이디푸스의 욕망의 법이었다. 욕망하하고 역전되거나 와해되는 이 정확한 순간을 생각하자는 것이다.

데리다는 이렇게 쓰고 있다. “선택받은 이방인 또는 주인인 사랑하는 테세우스에게 오이디푸스는 자신의 최후 의지의 순간 다음과 같이 말을 건넨다. 테세우스에게 자신의 지하 납골당의 비밀을 맡아 달라는 협박조의 명령을 내리는 순간, 이 주인은 맹세에 묶인 인질이 된다. 그는 자신이 자발적으로 발언했을 그런 맹세가 아니라 오이디푸스의 단순한 말을 신들이 듣고 있기에 그 자신 신들 앞에 비는, 방어적이면서도 여전히 욕망하는 그 몸에게, 죽음에 실려간 그 몸에게, 원原-비밀이자 과잉-은폐되고 애도도 없는 이 죽음 욕망의 근저에서부터 욕망하기를 계속하는 이 오이디푸스에게, 자기 시체를 넘어서도 법을 만드는 이 법-바깥의-사람에게, 자기를 은밀하게 묻어주는 이방의 국가에서도 여전히 법을 만들겠다고 주장하는 이 법-바깥의-사람에게, 사망한 이 눈먼 아버지에게, 그녀를 떠나 법 밖에서 이 법의 법을 대표하는* 인물이 된, 고인이 되어 헤어진 아버지에게, 그녀의 유일무이한 아버지에게 안티고네는 명확한 무언가를 청한다. 그것은 결국 그녀를 보아 달라는 것이다. 그녀를, 바로 이 순간, 그녀가 우는 것을 **보아 달라**는 것이다. 더 정확히 말하면, 그녀는 그에게 자신의 눈물을 보아 달라고 독촉한다. 죽음을 위한 '고정된-거주지가-없는' 자의 비가시성, 장소-없음, 비장소성, [즉] 그녀 아버지의 몸을 현상적 외재성으로부터 차단하게 될 모든 것, 바로 이런 것이 두 눈 속에 보이지 않는 채로 울게 만드는 것이다. 이 마음의 내재성, 이 비가시적인 말, 바로 이런 것이 눈물에서 나오는 것, 눈물처럼 두 눈에서 나오는 것이며, 바로 안티고네가 자기 아버지에게 **보아 달라**고 청하는, 내밀한 동시에 무한한 고통, 밤의 비밀인 것이다. 그녀는 아버지에게 보아 달라고,

* '대표하다représenter'라는 표현은 오이디푸스가 법-바깥의-사람으로서든 통치자로서든 법의 창설자로서든 법을 나타내고 대표하고 재현하는 자라는 의미를 모두 가지고 있음을 염두에 두고 읽을 필요가 있다. 이는 '대표하다'라는 말이 나오는 다른 부분에서도 마찬가지다.

대칭적으로 구속되어 버린 바로 이 맹세에 묶인 자신을 발견한다."*

그 지하 납골당은 주문 걸기envoûtement에 의해 봉인된 궁륭 voûte을 생각나게 한다. 주문 걸기가 이야기를 노래로 변신하도록 이끄는 그곳에서, 주문 걸기는 묘소에 유폐하기이다. 만일 세상이 17세기의 벽두에 탈마법화되어 더는 독해 불가능한 우주 속에 있

---

* 이 책에 실린 데리다의 텍스트 159쪽을 참조할 것.

비가시적인 것을 보아 달라고, 다시 말해 불가능한 일을, 두 번이나 불가능한 일을 해달라고 청한다.

> **안티고네** : 그래, 겪어 보니 자기 불행을 그리워할 수도 있나 봐요. 내가 그분을, 아버지를, 내 팔로 부축하고 있을 때는 정말 즐거울 리가 없는 것도 나에게는 즐거웠으니까요. 아아 아버지, 아아 사랑하는 아버지, 이제 지하 어둠에 영원히 잠겨 버린 아버지, 그렇게 계셔도, 제가 보장하지만 당신은 우리의 사랑을 못 받아 한스러운 일은 없을 것입니다. 저와 아우에게서요.
>
> **코러스** : 그분은 그런 운명을….
>
> **안티고네** : 그분이 욕망했던 운명이었지요….
>
> **코러스** : 그래 무슨 운명?
>
> **안티고네** : 그분은 당신이 죽는 것을 보게 될 곳이기를 원했던 이국의 대지에서 돌아가셨어요. 그분은 땅 밑에 그분 자신의 잠자리를 차지하셨고 영원히 감춰져 버렸지요. 그는 눈물 없는 애도를 당신 뒤에 허용하지 않으셨으니까요. 아아 아버지, 제발 내 눈을 좀 보세요. 내 두 눈은 울고 있고 눈물을 쏟고 있어요. 어쩌면 좋을까! 슬프도다! 어찌해야 당신이 나에게 남긴 오늘의 이토록 큰 슬픔이 끝날 수 있을까요? 슬프도다! 당신은 이국땅에서 돌아가시길 원하셨어요. 하지만 왜 당신은 이처럼, 저를 두고 돌아가셨나요?* (1697-1710)

---

* 같은 책, 225-226쪽 참조함. 여기서 국역본 마지막 문장은 "저는 아무것도 해드리지 못했어요"라고 옮겨져 있다.

는 돈키호테처럼 기호들 사이에서 길을 잃고 헤매게 되었다면, 20세기에 더 근원적으로 탈마법화된 것은 아마도 말일 것이다. 오이디푸스는 테세우스에게 맹세를 하게 한다. 하지만 쇼아* 이래로 아직도 가능한 맹세가 존재하는가? 처음으로 말은 단지 한 민족의 말살을 합리적으로 정당화하는 정도가 아니라, 맹세의, 타자에게 주

* '쇼아Shoah'는 '재앙'이라는 의미의 히브리어로서, 나치에 의한 유대인 집단 학살을 뜻한다.

눈멀고 죽은 아버지로 하여금 보게 만들고 그에게 자기 눈물을 보게 한다는 이 이중의 불가능성 앞에서, 안티고네에게 남아 있는 유일한 길은 자살 외에는 없다. 그녀가 스스로 목숨을 끊고 싶은 곳은 자기 아버지가 묻혀 있는 장소이지만, 그 장소는 발견할 수 없는, 테세우스가 그녀에게 상기시키는 **맹세**의 이유 자체로 인해 발견할 수 없는 장소이다. 왜냐하면 이 비장소성은 모종의 위상학적 조작에 해당하는 것이 아니라, 오이디푸스 자신이 부과한, 사실은 강요하고 할당한 **맹세**(*Orkos*)에 의해 공표된 것이었기 때문이다. [즉] 타율성hétéronomie, 타자의 욕망과 법이다. 여기서 이 후자, 타자, 바로 그 후자는, 최초의 인간(헤겔)이자 최후의 인간(니체)이기도 한 오이디푸스는, 자신에 대한 애도 자체가 상실되는 애도의 심연 속으로 스스로 휩쓸리고 가족들도 끌고 들어가면서 가족의 애도로부터 벗어나, 단지 사라지기만을 원한 것만이 아니라 가족들에게 발견될 수 없게 되기를 원했다.

안티고네 : 아우야, 우리 저기로 되돌아가자.

이스메네 : 무엇하게요?

안티고네 : 어떤 욕망이 나를 사로잡는구나.

이스메네 : 어떤 욕망요?

안티고네 : 지하에 있는 체류지séjour를 보았으면 하는 욕망….

이스메네 : 누구의?

어진 말의, 말이 인간의 언어에 담아 실어 나르는 신성한 것의 의미 자체를 파괴하는 것에 사용되었다. 역사의 이 생각할 수 없는 순간에 대한 모든 것이 말해졌고 쓰였고 증언되었다. 여기서 전쟁으로 인한 트라우마를 재론하자는 것은 아니다. 오히려 왜 전쟁이 일으킨 근원적인 탈마법화가 우리 인간성에, 그리고 아마도 언제까지나, 우리가 타인과 '약속한' 것에, 무언가 상처를 입혔는지 이해하고자 하는 것이다. 말이 약속 및 맹세라는 차원의 가능성 자체를 개

안티고네 : 우리 아버지의, 아아!

이스메네 : 그것이 어떻게 우리에게 허용되겠어요? 언니는 모르세요? 〔…〕 생각해 봐요. 아버지께서는 모든 사람들과 멀리 떨어진 곳에서 무덤 없이 돌아가셨잖아요.

안티고네 : 나를 그리로 데려가 나를 죽여다오.* (1723-1730)

바로 그때, 이 기원Vœu의 순간, 테세우스는 되돌아와서 두 사람에게 맹세를 상기시킨다. 그는 제우스의 아들이 맹세(*Orkos*)(라는 이름의) 담지자인 것을 두 사람에게 상기시킨다. 일단 서약했으면 신의에 충실해야 하고 서약 파기는 면해야 하기에, 그들은 아버지의 성스러운 최후의 거처를 그들의 두 눈으로 보지 않아야 한다는 것이다.

테세우스 : 내가 어떻게 해주면 되겠소, 소녀들이여?

안티고네 : 우리 눈으로 우리 아버지의 무덤을 보고 싶어요.

테세우스 : 하지만 그곳에 가는 것은 금지된 일이오.

안티고네 : 왜 안 된다는 거죠, 왕이시여, 아테네의 통치자시여?

테세우스 : 소녀들이여, 바로 그분이 내게 금지했소. 어떤 필멸자mortel[즉 인간]도 이 장소에 접근하거나 그분이 쉬고 있는 신성한 무덤을 자기 목소리로 혼탁하게 만들지 못하게

* 같은 책, 227쪽 참조함.

방하는 와중에 그런 식으로 훼손되었던 것은 서구에서는 맨 처음이 아닌가? 말 자체를 탈자연화하는 것이 목표였던 말에 의해 '주문envoûté'에 걸려 있음을 스스로 목도하게 되는 것은 나치주의와 더불어 민족 전체, 국민국가들, 무수한 개인들이다. 수용된 자는 이 말이라는 것을 더는 입 밖에 내어 발음할 수 없었다. 그는 자신이 인간적인 그 무엇도 더는 가지지 않았을 것이기에, 말을 그 스스로 미리 포기할 것을 설득당했다. 그런데 말이라는 것은 그 자체하라고 말이오. 그분은 또 말하기를, 내가 그것을 잘 준수하면, 내가 다스리는 나라가 언제까지나 해를 입지 않을 것이라 했소. 또 우리의 약속을 신도 들었고 동시에 제우스의 아들로서 만사를 굽어보는 맹세의 감시자도 들었소이다.

안티고네 : 그것이 아버지의 욕망이라면, 우리도 감수해야겠지요. 하지만 우리를 우리의 오래된 [도시] 테베로 보내주세요. 혹시 우리가 우리 오빠들의 임박한 살육을 막을 수 있을는지요.* (1755-1772)

콜로노스의 오이디푸스를 거쳐 파리와 자르나크 사이에 걸친 이 긴 탈선은 어떤 면에서, 이 논의를 시작할 때의 접근인 "환대의 법들"이라는 제목의 헌장에 의해, 침대 저 위에 있는, 만질 수는 없고 읽을 수만 있도록 유리 밑에 기입된 헌법에 의해 우리에게 전해졌다. 잠과 사랑의, 꿈이나 환상의, 삶과 죽음의 침대, "그 침대의 바로 저 위에 있다." [그] 헌장은 그 장소의 소유주, "집 안의 주인"이 그 자리에 걸어둔 것이다. 화자의 말을 신뢰한다면, 그는 "저녁에 자기 집 식탁에서 식사를 하고 자기 집 지붕 아래 휴식을 취하러 올 사람이면 누구이든 그 사람에게 자기 기쁨을 발산하는 일 말고는 다른 화급한 근심이 없는" 사람이다.

집 안의 주인은 "집 문간에서 지평선에 구원자인 양 모습을 드러내게 될 이방인을 초조하게 기다린다." 저 멀리 그

* 같은 책, 229쪽 참조함.

가 아닌 다른 무엇에 의해서도 강제될 수 없는 유일한 인간적 성질이며—인간은 말을 함으로써 서약파기를 한다—말이 그런 식으로 강제된 것은 언어의 내부 자체에서 비롯된 것이며 상상할 수 없는 도착증의 수준까지 올라간 합리화에서 비롯된 것이다. 어떠한 야만성도, 어떠한 폭력의 확산도, 어떠한 테러 행위도, 그것들이 또한 근원적이라 하더라도, 말의 출발 자체에 비롯된 근원적인 거짓말을 체계화하지 못했을 것이다. 나는 말과의 파기된 협약의 사후 효과가 오는 것이 보이면, 주인장은 그에게 서둘러 소리칠 것이다. "어서 들어오세요. 너무 행복해서 두려울 따름입니다."

"어서 들어오세요." 어서, 다시 말해 지체하지 말고, 기다리지 말고. 여기서 욕망이란 기다리지 않는 것을 기다리는 것이다. 손님은 서둘러야 한다. 욕망은 이방인이 등장하는 운동 속에서 자기의 소멸 시간을 측정한다. 이방인은 여기서는 기다렸던 손님, [즉] 단지 '오라'는 말만이 아니라 '들어오라'는 말을 듣는 누군가이다. 기다리지 말고 '들어오라'고, 기다리지 말고 우리 집에 머물라고, 서둘러 들어오라고, '안으로 오라'고, 내 쪽으로만이 아니라 내 안으로 '내 안에 오라'고. 나를 점령하고 내 안에 자리를 차지하라고. 이것은 나를 만나러 오거나 '내 집'에 오는 것에 만족하지 않고 동시에 내 자리를 차지하라는 것을 의미한다. 문턱을 넘는 것, 이는 단지 접근하거나 오는 것이 아니라 들어오는 것이다. [손님이] 자신의 구원자인 양, 자신의 해방자인 양 자신의 손님을 기다리는 참을성 없는 주인장의 논리는 이상한 논리지만 우리에게는 매우 납득이 되는 논리이다. **마치** 이방인이 열쇠를 쥔 것**처럼** 보인다. 이는 항상 이방인의 상황이며, 정치에서도 마찬가지다. 바로 이방인이 법을 제정하고 인민이나 국민을 해방시키는 입법자로서 외부에서 들어오는 상황인데, [이때] 그 이방인에게 도움을 청한 후 그를 자기 내부로 들어오게 허용한 자는 바로 국민이나 집, 자기-집인 것이다. 이는 **마치** (그리고 항상 **마치 …처럼**comme si은 여기서 법을 만드는데) 그 이방인, 요컨대 그런 오이디푸스, 말하자를 이미지와 미디어의 현상적 발전에서 목도한다. 영국인들이 말하듯이 '어 디스빌리프a disbelief', [즉] 하나의 불신이 우리가 언어와 맺는 관계의, 동시에 타자와 맺는 관계의 뿌리들 자체에 근거하고 있는 것이다. 이 타자란 내가 주체로서 발언하고 받아들이는 맹세 속에서, 매번 새로 건네는 말 속에서, 타인에게, 이웃에게 했던 약속을 보증하는 제삼자인데도 말이다.

기술은 대타자le grand Autre의 부재(여기서 타인에 대해서든면 자신의 죽은 장소에 대해 지켜진 비밀이 우리가 방금 읽었던 계약에 의해 도시를 구할 것이라고 또는 도시에 안녕을 약속할 것이라고 할 때의 그 사람, **마치** 그 이방인은, 따라서 통치자를 구하고 주인의 권력을 구원할 수 있을 것**처럼** 보이는 상황이다. 이는 **마치** 통치자인 한에서의 통치자가 자기 장소의 포로, 자기 권력의 포로, 자기의 자기성의 포로, 자기 주체성의 포로(그의 주체성은 인질이다)가 된 것**처럼** 보이는 상황이다. 따라서 인질이 되는 자는—사실상 항상 인질이었을 자는—통치자, 초대하는 자, 초대하는 주인이다. 그리고 손님, 초대받은 인질guest은 초대하는 자의 초대하는 자, 주인host의 통치자가 된다. 손님guest은 주인host의 주인host이 된다.

이러한 [손님과 주인의] 대체들은 각각의 모든 사람들을 타자의 인질로 만든다. 환대의 법들이 그러하다. 환대의 법들은 그 책의 앞부분에서부터 예고된 〈어려움들〉*, 진술된 아포리아들에 상응한다. 〈어려움들〉이 먼저 보고된다. 화자 자신에 의해, 다시 말해 조카에 의해, 직계 아들이 아니고 가족 중 유사-부친살해자로 행동하려고 하는 누군가에 의해서이다. 이 "어려움들"은 심지어는 "유리를 씌운" 환대의 법들을 인용하기 이전에 예상되었던 것일 터이다. 이 어려움들을 정식화하는 것이 가능할까? 물론이다. 아주 단순한

* 뒤의 주에서 다시 설명하겠지만, 〈어려움들Difficultés〉은 소설 《로베르트는 오늘 저녁》의 서두에 나오는 글의 소제목이다. 이어서 〈환대의 법들Les Lois de l'hospitalité〉이라는 소제목의 글이 나오고, 그 다음에 I 장으로 이어진다.

나 자신에 대해서든 보증해줄 사람은 아무도 없지만, 양쪽 모두의 우리는 언어, 윤리, 초월이라는 이 제삼자와의 관계 속에서 우리 자신을 정초한다)에 의해 구조화된 세계와의 관계를 탈바꿈한다. 이러한 한에서 기술은 현실계에 대한 모의실험simulation의 가능성을 개방한다. 끝없는 거울놀이 속에서 되풀이되는 동일자의 논리를 말이다. 주문을 궁륭 아래 유폐l'enfermement하는 것으로 간주한다면, 신체는 그곳에서 가장 엄청난 무게로 매몰되어 있지만, 오늘날의 우외관상의 이율배반에 따라 그렇게 할 수 있다. 말하자면 양립 불가능한 두 가지 가정의 동시성, 이 "동시에"에 따라 정식화할 수 있다. "안는 동시에 안지 않는 일은 할 수 없으며, 거기 있는 동시에 거기 있지 않는 일은 할 수 없으며, 내부에 있을 때 [외부로부터] 들어오는 일은 할 수 없다."*

그런데 이 '동시에'의 불가능성이야말로 동시에 일어나는[도착하는]arrive 일이다. 번번이 [그렇다]. 이는 일어날 일이고, 항상 일어나는 일이다. 누군가는 안지 않고서 안는다. 주인은 안고 맞아들인다. 그러나 그들 즉 '자신이' 초대한 이와 화자의 숙모인 '자신의' 부인을 안지 않고 안는다. 누군가는 그렇게 내부로부터 들어온다. 집 안의 주인은 자기 집에 있지만 그럼에도 불구하고—밖으로부터 오는—손님 덕택에 자기 집에 들어오면서 자기 집으로부터 오는 것이다. 따라서 주인은 **마치** 밖으로부터 오기라도 하는 것**처럼** 안으로부터 들어온다. 그는 방문자 덕택에, 자기 손님의 덕을 입어 그의 집에 들어온다. 응당 그래야 하듯 이러한 이율

* '안는 동시에 안지 않는 일은 있을 수 없다on ne peut pas à la fois prendre et ne pas prendre'는 앞의 주에서 설명한, 《로베르트는 오늘 저녁》에 나오는 〈어려움들〉이라는 소제목이 달린 글의 첫 문장 일부이다. 'prendre' 단독으로는 매우 다의적일 수 있지만, 소설에서는 화자의 삼촌인 옥타브가 화자의 숙모인 로베르트를 품에 안는다는 맥락으로 쓰였기에 '안다'로 옮겼다. 옥타브는 아내인 로베르트에게 손님에게 무조건 환대해야 한다는 '환대의 법들'을 지키게 하여 남편에 대한 충실성이 곧 남편에 대한 배반이 되는 로베르트의 곤혹스러운 처지를 즐기는 관음증적 성도착증이 있는 사람이다. 앙투안이라는 입양된 조카가 화자로서 이야기를 이끌어 나가면서 오이디푸스적 구조를 형성한다. 여기서 데리다는 옥타브가 손님을 기다리는 아내에게 손님인 양 접근하며 그 찰나의 시간을 즐기고자 하는 역설적 상황을 설명하고 있다.

리는 그 신체로부터는 완전히 해방된 듯하다. 통신, 정보, 교환들의 탈물질화는 언뜻 보기에는 그 무게로부터 풀려난 듯이 보이는 현실계의 새로운 유동성을 가리킨다. 그런데 이러한 외관을 지닌 것에는 주문 걸기envoûtement, 암호화encryptement가 있다. 나는 오늘날처럼 우리가 이렇게 심하게 물질적인 때는 없었다고 믿는다. 볼 수 있는 것이든 만질 수 있는 것이든 그처럼 물체에 휘둘려 현실계의 진흙 속에서 허우적댄 적이 없었다고 믿는다. 우리는 웹의

배반이 완전히 모순적인 것으로 남아 있는 동안, 사건은 아무래도 지속적일 수 없다. "이는 한 찰나만 지속되었을 뿐이다. … 왜냐하면 결국 안는 동시에 안지 않는 일은 할 수 없으며, 거기 있는 동시에 거기 있지 않는 일은 할 수 없으며, 내부에 있을 때 [외부로부터] 들어오는 일은 할 수 없기 때문이다"라고 화자는 분명히 한다.

지속 없는 이 지속, 이 흐름, 이 강탈, 스스로를 폐기하는 한 찰나의 이 찰나, 일종의 절대적 정지나 재촉으로 압축되는 이 무한한 속도, 여기에는 사람들이 더는 간계를 부리지 못하는 필연성이 있다. 이 필연성은 왜 사람들이 환대의 욕망이나 환대**로서의** 욕망에서 언제나 [자신이] 지체된다고 느끼면서도 동시에 결국은 언제나 성급해질 수밖에 없는지 설명해 준다. 욕망할 것이 항상 남아 있는 환대의 심장부에서.

나중에 있을 토론 과정에서 그것들을 논평하기로 하고, 일단 개연성이 없는 전후맥락의 시간들을, 이 법들의 시간 제약적이고 이율배반적인 양상들을, 이 환대의 불가능한 연대기를, [즉] 신중한 반어법으로 〈어려움들〉이라고 별칭된 모든 것들을 강조하는 것에 만족하자. 그 어려운 것들이란 이런 것들이다. [즉] 그것들이 행해지도록 내버려 두지 못하는 것들, 그리고 한계에 이른 어려움으로 인해, **행하는 것**과 **행하는 솜씨**와 **행하는 방식** 같은, 가능한 것의 질서조차 넘어서는 것들이다. 행해질 수 없는 것은 여기서 시간과 관련된 것으로 보인다. 이 〈어려움들〉은 항상 시간의 시간-되기

망 속으로 도피하지만, 실상은 그곳에 주어지고 기입된 장소와 시간에 더 포위될 뿐이다. 나는 유목민들에 대한, 국경을 넘는 이동에 대한 유죄선고를 그 증거로 제시하고자 한다. 유목민들이나 국경을 넘어 이동하는 주민들은 지금은 오직 전쟁에 의해서만 강제되고 강요되어 망명을 하는 것이다. 하지만 가족, 개인, 집단이 그들 스스로 나라와 법과 풍속을 바꾸기를 원하는 것은—국경 없는 유럽의 문턱에 있는—지금은 완전히 금지된 상태다. 왜냐하면 그들의

의 형식을 지니며, 또한 이 형식은 환대의 계산 불가능한 타이밍timing으로 간주될 수 있을 것이다. 시간의 이 표시자들을, 이러한 술책의 시간측정법을 강조하기로 하자.

〈어려움들〉

옥타브 삼촌이 로베르트 숙모를 자기 팔에 안을 때, 자기 혼자만 숙모를 안고 있다고 믿어서는 안 되었다. 한 초대 손님이 들어왔다. 반면 삼촌에 **완전히 몰입해 있었던** 로베르트는 다른 누구도 **기다리고** 있지 않을 때였다. 그리고 로베르트는 막무가내 기세의 어떤 초대 손님을 예상했기에 그런 초대 손님이 들어오지 않나 걱정하는 동안 **이미** 초대 손님은 그녀 뒤에서 **불쑥 출현했다**. 그런데 그는 초대 손님으로 인해 **놀란** 내 숙모가 두려움을 충족하는 현장을 **목격하기** 위해 **때맞춰** 들어온 삼촌이었다. 하지만 삼촌의 정신 속에서 **이는 한 찰나만 지속되었을 뿐이며**, 재차 삼촌은 숙모를 자기 품에 안을 **상황에** 있게 되었다. **이는 한 찰나만 지속되었을 뿐이다**. … 왜냐하면 결국 안는 동시에 안지 않는 일은 할 수 없으며, 거기 있는 동시에 거기 있지 않는 일은 할 수 없으며, 내부에 있을 때 [외부로부터] 들어오는 일은 할 수 없기 때문이다. 옥타브 삼촌은 **열린 문의 찰나를 연장하고자** 하면서 지나친 욕심을 부린 것이지만, 초대 손님이 문에 나타나서 로베르트 뒤로 불쑥 출현한 **그 찰나 자체는** 옥타브로 하여금 스스로 초대 손님이라고 느끼게 하기에 이미 충분했다. 밖에서 온 초대자의 역사, 그들의 정체성, 그들의 부채가 마치 그들이 유리 체스판 위에 있기라도 한 것처럼 그들을 추적하여 붙잡고 말 것이기 때문이다.

이 서로 다른 성찰들은 리쾨르의 멋진 표현에 따르면 "타자로서의 자기 자신"이 도래하기 위해 필수적인 망명의 물음을 제기한다. 다만, 어떤 사유가 그 뿌리로부터 단번에 절단되어 어떤 의미의 전달조차 없었다면, 그때의 사유는 어떻게 될까? 그리고 사물들이

문 여는 자세를 차용하여 숙모를 **깜짝 놀라게 했던** 자가 바로 자신이었다는 것을 지각하는 자기 두 사람을 옥타브는 문에서부터 알아차릴 수 있었기에 말이다.

삼촌의 정신상태에 대해 짐작할 수 있게 해주는 것으로 이 육필 원고보다 더 나은 것은 없을 것이다. 이 원고는 삼촌이 유리를 씌운 액자에 넣어 방문자용으로 마련된 침실 벽, 침대 바로 저 위에 걸어놓았다. 들에서 꺾어 온 몇 송이 꽃들이 구식 액자에 매달려 시들어가고 있었다.

〈환대의 법들〉

집 안의 주인은 저녁에 자기 집 식탁에서 식사를 하고 자기 집 지붕 아래 휴식을 취하러 올 사람이라면 누구든지 그에게 자신의 즐거움을 발산하는 것보다 더 **화급한** 근심이 없기에, 집 문간에 [서서] 지평선에 구원자처럼 모습을 드러내는 것을 **보게 될** 이방인을 초조하게 **기다린다**. 저 멀리 이방인이 오는 것이 보이면, 주인은 그에게 서둘러 소리칠 것이다. "**어서** 들어오세요. 이 행복이 두려울 따름입니다."

지난번에 우리는 이방인의 물음을 다소 낯선 방식으로 자리 이동시킨 바 있다. 순서나 방향, 사실상 물음의 의미 자체를 뒤집어 본 것이다. 우리는 플라톤의 텍스트들(《크리톤》, 《소피스트》, 《정치가》, 《소크라테스의 변론》)이나 소포클레스의 텍스트(《콜로노스의 오이디푸스》)를 개괄적으로 재나 자기 집 외에 인간 존재를 내재성과 재연결하는 것을 그로부터 박탈한다면 그는 어떻게 될까? 데리다가 생각하는 것처럼, 우리가 우리의 낱말들과 우리의 죽음들을 우리 자신이 항상 지니고 다닌다는 점에서 묘소가 언어와 분리 불가능하다면, 죽는 장소를 병원으로 옮길 경우 묘소는 어떻게 될까? 출생과 죽음을, 고통과 평화의 비밀스럽고 양도 불가능한 공간들을 '자기 집' 밖으로 추방할 경우 묘소는 어떻게 될까? [데리다의 한계로의] 이행들은 이토록 많은 물독해하는 안내를 스스로 하면서, 이방인의 특정 형상들에 대해 우리 자신에게 질문해 보았다. 우리는 이 형상들로부터 하나의 선결 조건un préalable을 떠올리게 되었다. 요컨대 한 문제problème의 테마나 제목으로서, 연구 프로그램으로서 이방인**의** 물음 이전에, 그러니까 이방인이 **무엇인지**, 이방인이 **의미하고자 하는 바가** 무엇인지, 이방인이 **누구인지**를 우리가 이미 알고 있다고 가정하기 이전에, 그것들 자체 이전에도, 확실히 이방인에게 건네어진 요구-물음(그대는 누구인가? 그대는 어디 출신인가? 그대는 무엇을 원하는가? 그대는 오고 싶은가? 그대가 하고자 하는 말은 무엇인가? 등)으로서의 이방인**의** 물음이 여전히 있었다는 것이다. 하지만 특히, 그보다 먼저, 이방인**으로부터 온** 물음인 한에서 이방인**의** 물음이 있었다는 것이다. 그러므로 대답이나 책임의 물음이 있었다는 것이다. 이 모든 물음**에** 어떻게 대답할까? 또한 어떻게 **이 대답을** 보증할까? 이 모든 물음 앞에서 어떻게 자기를 보증할까? 요구인 만큼이나 부탁이기도 한 이 물음들 앞에서 어떻게 자기를 보증할까? 이방인은 어떤 언어로 자기 물음을 건넬 수 있을까? [그는] 우리의 언어를 받아들일 수 있을까? 우리는 어떤 언어로 그에게 질문할 수 있을까?

이 '언어'라는 단어를 좁은 의미와 넓은 의미로 동시에 이해해 보자. 환대의 개념이나 이방인 개념의 외연을 규정할 때처럼 우리 앞에 놓인 수많은 어려움들 가운데 하나는 넓게 말해진 의미와 엄밀하게 말해진 의미 간의 이 차이에서 나오는 어려움이지만, 또한 그것은 두 의미 간의 다소간

음들에 길을 내준다.

한계로의 이행들은, 아니 그보다는 한계들 밖으로의 이 과장된 이행들은 사유 자체만큼이나 우리에게 많은 가르침을 준다. 그것들은 발견의 충격을 우리에게 넘겨주는 것이다. 글로 쓰인 텍스트가 담화 짜임의 지속적인 펼쳐짐을 밝히기 위해 담화의 중간휴지들과 불협화음들을 해체하는 바로 그곳에서, 말은 그것들을 드러내준다. 우리는 우리가 말에 의해 둘러싸여 있는 것처럼 텍스트에 거

엄밀한 이 접착의, 이 협착의 어려움이기도 하다. 넓은 의미에서 언어는 사람들이 이방인에게 말 건넬 때 사용하는 것, 혹은 이방인이 하는 말을 이해할 수 있다면 사람들이 그 말을 들을 때 사용하는 것을 일컫는다. 이때의 언어는 문화의 총체ensemble이며, 그 속에 가치, 규범, 의미작용이 거주하고 있다. 동일한 언어를 말하는 것에는 단지 하나의 언어학적 작용만 있는 것이 아니다. 거기에는 에토스 일반이 관계된다. 지나가는 말로 언급해 두자면, 어떤 사람이 [나와] 같은 국어langue nationale를 말하지 않더라도, 예를 들어 특정한 부富와 관련된 생활양식 등을 통해 [나와] 같은 문화를 공유한다면, '사회 계급'이라고 아주 최근까지 불렸던(하지만 비록 이 언어에 비판적 경계심이 필요하긴 해도, 이 언어를 너무 신속히 버려서는 안 된다) 것에서 나와는 다른 쪽에 속하는 동료시민 혹은 동포보다, 그 사람이 나에게 훨씬 덜 '이방인'일 수 있다. 최소한 몇 가지 관점들에서 보면 나는, 이러저러한 관계 하에서 이러저러한 사회적인 이유나 경제적인 이유나 다른 이유로 나에게는 더 이방인이 될 프랑스인보다는, 팔레스타인 언어는 [내가] 잘 모르더라도, 팔레스타인의 지식인 부르주아와 더 많은 공통점을 가진다. 역으로, 국적과 반드시 일치하지는 않는 엄격한 의미에서 언어를 받아들여 보면, 나에게는 한 이스라엘 부르주아 지식인이, 한 스위스 노동자나 한 벨기에 농부나 한 퀘벡 권투선수나 한 프랑스인 경찰보다 더 이방인일 것이다. 우리가 좁은 것이라고 말하는 의미의 언어에 대한 이 물음, 다시 말해

주하고 있는 것은 아니다. 한 세미나에서 데리다가 "그래도 미쳐버린 것이 독일어는 아니니까요!"라고 한 아렌트의 의도가 정당화해주는 것과 동일한 명증성에서 출발한 것은, 곧바로 이 지반을 붕괴시키는 작업에 착수하여 그 평온한 명증성을 뒤흔들기 위해서이다. 데리다는 주권적인 이성에 의해 보장되는 세계로부터 점차 탈주하라고 우리를 부추긴다. 예를 들어 키르케고르가 《공포와 전율Frygt og Bæven》에서 믿음의 행위로서의 살인이 지닌 역설을 분리했을

(여기서는 프랑스인들과 퀘벡 사람들이 그리고 저기서는 영국인들과 미국인들이, 크게 보면 같은 언어를 말할 수 있다는 점에서) 시민권과 외연을 같이 하지 않는 담화적 고유어로서의 언어에 대한 이 물음이, 환대의 경험에 수많은 방식으로 포함되어 있음을 우리는 항상 재발견하게 될 것이다. 초대, 환영[맞아들임], 비호, 숙박은 언어를 통해서나 타인에게 말 건네기를 통해 이루어진다. 레비나스가 다른 관점에서 말한 바 있듯이 언어**야말로** 환대이다. 그럼에도 우리는 절대적이고 과장되고 무조건적인 환대란, 언어를, 규정된 특정 언어를, 심지어는 타자에게 건네는 말을 중단하는 데서 성립하는 것이 아닐까 자문해 보기에 이르렀다. 그리고 타자에게 그가 누구인지, 이름이 무엇인지, 어디서 왔는지 등을 묻고 싶은 유혹에 대한 일종의 억제에 복종해야 하지 않을까? 환대에 요구되는 조건들만큼이나 결국은 환대의 한계들을 알려주는 이 물음들을 타자에게 제기하는 것을 스스로 삼가야 하지 않을까? 이 물음들이 환대를 권리와 의무 속으로, 결국 순환 경제 속으로 강제하고 구속할 테니 말이다. 이 딜레마는 한편으로는 권리나 의무, 심지어는 정치까지도 초월하는 무조건적 환대와, 다른 한편으로는 권리와 의무로 한정된 환대 사이에서 우리를 끊임없이 번민하게 할 것이다. 하나의 환대는 항상 다른 환대를 부패하게 할 것이며, 이 타락 가능성은 환원 불가능한 것으로 남아 있다. 그것은 환원 불가능한 것으로 남아 **있어야 한다**. 이러한 삼가(오시오, 들어오시오, 내 집에 머무르시오, 나는 당신 이름을 요구하지 않

때 그렇게 우리를 부추긴 것처럼 말이다. 데리다로 인해 '탈구축' 운동이 우리에게 익숙해졌기 때문인지, "우리가 본 것은 불밖에 없었다"고 할 정도로 극히 친숙한 것의 품 안에서 불안스러운 낯설음을 끌어내어 밝히는 이 굴착 운동을 사람들은 때로는 망각한다.

다음은 한계로의 이행에 대한, 내가 인용하고자 하는 마지막 사례이다. 이 사례에서 데리다가 출발점으로 삼는 명증성은 우리를 거의 미소 짓게 만든다. 그것은 "인간은 인간에게만 환대를 베푼

겠소, 심지어 책임지라고도 하지 않겠소, 어디서 왔는지 어디로 갈지 묻지 않겠소)가, 유보 없는 선물을 선사하는 절대적 환대에 더 합당해 보이는 것은 사실이다. 그리고 거기서 어떤 사람들은 언어의 가능성을 식별해낼 수 있을 것이다. 침묵-하기le se-taire는 이미 말에 있어 가능한 한 가지 양태이다. 우리는 환대의 개념과 언어의 개념이라는 이 두 개념의 외연 사이에서 끊임없이 격론을 벌여야 할 것이다. 또한 우리는 환대의 법이 지닌 두 체제에 대해 다시 말하게 될 것이다. 한편에는 무조건적 환대나 과장된 환대가, 다른 한편에는 조건적 환대이자 법적-정치적 환대이며 게다가 윤리적이기까지 한 환대가 있다. 윤리적 환대는 거주할 곳을 절대적 존중과 절대적 선물에 맞춰 정할지 아니면 교환과 비례와 규범 등에 맞춰 정할지에 따라 사실상 두 환대 사이에 걸쳐 있는 것으로 발견된다. 언어의 두 외연과 관련하여 **두** 탐구 방향, 두 프로그램, 두 문제틀을 바로 설정해 보겠다. 두 방향 모두 '좁은 의미'의 언어에, 즉 자연 언어나 국민 언어에 한정된다. 담화, 진술, 표현법은 이 좁은 의미의 언어 안에서 길어 오는 것이다.

1. 우리가 조금 전에 말했듯이, 이렇게 "우리가 항상 지니고 다니는 언어"의 자기-이동성auto-mobile은 그 복잡함과 정교함의 측면에서 원칙적으로 아무 제한이 없는 모든 기술적 인공보철 장치들(이동전화는 그 중 하나의 형상에 불과하다)과 분리될 수 없다. 또한 다른 측면에서 보면, 이렇게 말할 수 있다면, 이 자기-이동성은 앞에서 말한 자기-감응

다"는 낱말들로 집약된 명증성이다. 사실 짐승에게 환대를 베풀겠다고 하면 얼마나 이상한 일일까! 식물에게는 더 이상한 일일 것이다! 안심하자, 환대는 정말로 인간적인 특성이다.

데리다는 논증을 다음과 같이 단번에 역전시킨다. "동물은 **자신과 같은 종에 대해서만**, 그리고 아마도 정확한 의례에 따라서만 환대를 베푼다고 말할 수 있다." 사실 고양이가 새에게 베푸는 환대

과도 분리될 수 없다. 이 자기-감응은 사람들의 일치된 견해에 따르면 그 최고의 고유한 가능성으로서 생명체 일반의 자기-이동성에 속해 있다. 최소한 이 자-율auto-nomie의 환상이 없다면 환대가 존재할 수 있을까? 언어에서 '자기가 한 말을 말하면서 듣기'라는 언어의 특권화된 형상인 이 자기-이동적인 자기-감응의 환상 없이 환대가 존재할 수 있을까?

2. 만일 고유명이 언어를, 언어의 통상적인 기능을 조건 지으면서도 그것에 속하는 것이 아니라면, 만일 내가 다른 곳에서 증명하고자 했던 바, 고유명이 언어의 다른 단어들과 달리 번역되지 않는 것이라면('피터'는 '피에르'의 **번역**이 아니다), 이로부터 환대와 관련하여 어떤 결론을 끌어낼 수 있을까? 환대는 우선 고유명의 순수한 가능성에서 고유명의 호명appel 또는 환기rappel을 전제한다. (그 예로 내가 '오시오', '들어오시오', '그렇소'라고 말할 때 나는 당신, 바로 당신에게 말하는 것이다.) 그와 동시에 환대는 동일한 고유명의 말소도 전제한다. ("당신이 누구든, 또 당신의 이름, 당신의 언어, 당신의 성별, 당신의 종이 무엇이든, 당신이 인간이든 동물이든 신이든", "오시오", "그렇소", "들어오시오"….)[1]

우리의 접근 방식이 이상하다면, 그것은 우리가 또한 일종의 법에 의해 강제되었기 때문이기도 하다. 이 법을 우리는 언어나 코드의 교차로 서술할 수 있을 것이다. 한편 우리

---

1 이 두 지점에 관해 당시 즉석 토론 때 매우 폭넓은 논의가 전개되었는데, 그 내용에 대한 흔적은 남아 있지 않다.

는 아주 좋지 않게 끝난다. 자코메티의 조각[1]에서는 예외이지만 말이다.

---

1 마그 부인은 고양이가 새를 잡아먹는다고 고양이를 몹시 싫어했다. 자코메티는 마그 부인의 생일 때 두 앞다리로 쟁반을 들고 서 있는 청동 고양이를 선물했다. "새 모이 그릇으로 쓰시라"며 자코메티는 미소 지었다. [거론되는 작품은 우리에게 잘 알려진 알베르토 자코메티의 동생인 디에고 자코메티의 작품이며, 마그 부인은 마그 재단(혹은, 영어식 발음으로 '매그' 재단)을 설립한 부부 중 부인을 가리킨다.]

는 특히 문학 텍스트나 철학 텍스트를 경유하여 때로는 '**우리의**' 역사를 검토함으로써, 일반적이고 추상적인 정식화를 향해 사물들을 견인한다. 다른 한편, 다른 여러 가능한 사례들 가운데 특정한 사례들은 현재적이고 정치적인, 그리고 (정확히 정치적인 것과 법적인 것이 관계된다는 점에서) 정치적인 것**을 넘어서는** 긴급성들의 장에 우리를 접근할 수 있게 해준다. 그러나 이 긴급성들은 단지 고전적인 구조들만을 현재화하는 것은 아니다. 이 긴급성들은 스스로 이 유산들 또는 이 유산들에 대한 지배적 해석을 탈구축하는 것처럼 보이는 바로 그 지점에서 우리의 관심을 끌고, 우리는 그 구조들을 파악한다. 우리는 이를 새로운 원격 기술들과 함께, 그리고 원격 기술들이 장소, 영토, 죽음 등에 대한 경험에 영향을 주는 방식과 함께 나타내고자 했던 것이다.

또한 인질의 구조에 관해서도 본질적이고 거의 무역사적이라고 할 일종의 법 또는 이율배반을 분석할 필요가 있을 것이다. 이에 대해 우리는 고대의 사례나 레비나스의 윤리적 진술에서 출발하여 분석할 수도 있겠지만, 또한 새로운 경험들 속에서, 말하자면 새로운 인질 전쟁 속에서 이 문제들을 변형하는 것에서 출발하여 분석할 수도 있을 것이다. 예를 들면 체첸에서 일어나고 있는 일은 이러한 관점으로 분석되어야 할 것이다. 전쟁이 동료시민들, 같은 종교를 지닌 사람들, 외국인들 등을 그들끼리 서로 대립시킬 때가 많기에, 이 전쟁이 내전인지, 아니면 (슈미트가 부여한 표현의 의미에서) 파르티잔적 전쟁인지 더는 알 수 없는 전쟁의 따라서 인간이 다른 남자나 여자나 아이에게만 환대를 베풀 수 있다고 말하는 것은 인간을 여느 동물종으로 보는 셈이다. “반대로 인간의 고유성은 동물들과 식물들에게 … 그리고 신들에게 환대를 베풀 수 있다는 점에 있지 않을까?”라고 데리다는 주장한다.

항상 과장법은 먼저 하나의 물음처럼 온다. 그것은 사유 가능한 것의 장에 있는 한계들을 제쳐 버리고, 사람들이 친숙하다고 믿었던 영토의 한복판에 불안스러운 곳들을 위치하게 함으로써 그 그곳

와중에 인질극이 무시무시한 무기가 되어 버린 상황이니 말이다. 인질들은 전쟁법이나 인권에 의해 보호받는 전쟁 포로들이 더는 아니다. 동료시민이 되기를 더는 원하지 않으며, 따라서 어떤 다른 나라의—하지만 아직은 존재하지 않는 나라의, 도래할 국가의—시민들로서 존중받는 이방인이 되기를 열망하는 동료시민들을 대립시키는 독특한 갈등들 속에서, 인질극은 고전적인 것이 되어 가고 있다.* 이러한 국민-국가적 경계들의 재구조화는 증식되고 있으며 이는 단지 유럽에서만 그런 것이 아니다. [유럽이라는] 이 이름과 그것이 지칭하는 '사물'의 수수께끼가 어떻든 간에, '유럽'은 아마도 이 유일무이한 사건에 호의적인 시간과 공간을 가리킬 것이다. 유럽에서 보편적 환대의 **권리**는—예를 들어 우리가 줄곧 참조하고 있는 칸트의 텍스트《영구 평화론》과, 이 텍스트를 지니고 가게 될 모든 전통에서—가장 급진적이고 분명 가장 정식화된 자신에 대한 정의를 획득했었을 것이다. 유럽(구 유고슬라비아)의 전쟁이든 유럽-주변(러시아와 구 소비에트 연방)의 전쟁이든, 문자 그대로 또는 엄격히 말해 이 전쟁들은 식민지 전쟁이라거나 식민지 민족들nations이 주도한 해방 전쟁이라고 할 수는 아마도 없겠지만, 사람들은 이 전쟁들에 재식민지화 운동이나 탈식민지화

* 1989년 소비에트 연방의 붕괴 이후 1991년 분리 독립을 선언한 체첸 반군은 1995-1996년에 걸쳐 러시아 영토 내에서 두 차례의 인질극을 벌였다가 러시아군에 의해 진압된 적이 있었다. 이 지역은 수많은 분쟁을 거쳐 2023년 현재 러시아 연방 소속의 체첸 공화국으로 존재하고 있다.

에 접근한다. 그것은 망각이나 비밀 속에 보존된 물음들을 되살려낸다. "동물에 대한 환대를 인정하지 않는다면, 그것은 신을 배제하는 것과 마찬가지지다"라고 데리다가 언급한 것처럼 말이다.

데리다의 거의 수수께끼 같은 이 문구는 세속적인 것과 성스러운 것 사이의 관계라는 거대한 문제를 제기할 뿐만 아니라, 또한 동물의 본질과 신의 본질 사이에 아마도 알려지지 않았던 상응 관계들이 존재할 수도 있음을 시사한다. 만일 우리가 토템적인 문명들 운동의 형상을 부여할 때가 많은 것이다.

시간이 좀 더 있었고 조금은 자전적인 이야기를 이 세미나에서 하는 것이 예의에 맞는 일이었다면, 비교적 최근의 것이라 할 수 있는 알제리 역사를 이러한 관점에서 기꺼이 검토했을 것이다. 알제리와 프랑스라는 두 나라의 현재의 삶에 미치는 그 파급효과들은 여전히 생생하고 사실상 여전히 도래하고 있는 일이다. 프랑스 법에서 보호령 외 프랑스의 전체 주들을 이루고 있었던 곳에서 외국인의 역사는, 이렇게 말할 수 있다면 시민권의 역사는, 1830년에서 오늘날까지 온전한 권리를 가진 시민들을 이차적 지대의 시민들이나 비-시민들과 분리하는 경계선들의 생성은, 내가 알기로 세계에서 인류 역사상 다른 사례가 존재하지 않을 정도로 복잡하고 변화무쌍하고 뒤얽혀 있다. 세미나 초에 언급한 바 있는데, 나는《충만한 권리》*에 발표된 루이-오귀스탱 바리에르의 〈알제리에서 시민권의 퍼즐〉이라는 논문을 추천한다. 식민지화가 시작될 때부터 제2차 세계 대전 끝날 때까지 알제리의 이슬람교도들은 '프랑스 국민들'이라고는 불렸지만 '프랑스 시민권자들'이라고 불리는 사람들은 아니었다. 둘 사이의 구별은 미묘하지만 결정적이다. 사실상 그들은 전적인 외국인은 아니었지만, 엄격하게는 시민권을 가지지 못했다. 1834년 7월 칙령에 의해 '북아프리카의 프랑스

* *Plein droit*, n° 29-30, novembre 1995를 가리킨다. 또 "세미나 초에 언급한 바 있"다는 부분은 데리다가 1995년부터 파리의 사회과학고등연구원에서 했던 세미나 중 1995년 11월 15일에 했던 1강에 언급되었던 것을 가리킨다.

의 흔적들을 지워 버렸다면, 동물에게 가능한 환대의 장소를 이 망각으로부터 돌아오게 해야 하지 않을까? 그렇지 않으면 이번에는 신적인 것이 우리를 떠날지도 모른다.

“어떤 나라들에서는 환영[맞아들임]을 제공받는 이방인이 하루 동안 신이다.” 그리고 데리다는 이렇게 부언한다. “하지만 훨씬 더 나아가서, 죽음에 대한 환대도 생각해야 한다. 기억 없는 환대는 존속령들'이라고 불렀던 것이 합병하던 시기에, 이 지방 주민들, [즉] 아랍인 이슬람교도나 베르베르족 이슬람교도, 그리고 유대인들은 종교법un droit confessionnel에 묶여 있었다. 그들은 30년 후인 1865년 권리상 프랑스인의 자격을 부여받아 민간 일자리에 지원할 수 있었지만 프랑스 시민권 없는 프랑스인의 자격으로서였다. 그럼에도 법조문에 따르면 시민권자가 아닌 프랑스 국적 현지인은 일정한 조건 하에서는 자신의 특수한 지위를 포기하고 그 사안에 대한 최종 중재권이 있는 공권력의 동의를 얻을 경우 시민권을 가질 수 있다는 조항이 있었다. 유대인 현지인들이 프랑스 시민권을 획득할 가능성은 1870년 10월 24일에 있었던 유명한 크레미외 법령에 의해 가속화된 바 있다. 이 법령은 비시 정부 때 폐지되었는데, 당시 독일인들은 프랑스 본국Métropole의 일부만을 점령했고 [이 폐지에 대한] 최소한의 개입이나 요구가 있었던 것은 아니었다. 사태의 변화는 항상 전쟁이 가져다주기 마련이다. 제1차 세계 대전 이후 (그리고 전선에서 수많은 알제리인들이 전사한 이후) 1919년 2월의 어떤 법은 한 걸음 더 진보하여 더는 프랑스 국가의 자의적 중재를 함축하지 않은 절차에 따라 알제리의 이슬람교도들에게 프랑스 시민권을 부여한다. 그러나 이 역시 실패였다. 그 이유는 이슬람교도들의 시민권 취득을 관공서가 장려하지 않았기 때문이었으며, 또한 개인적 지위의 (다시 말해 특히 종교상의 권리 등의) 포기라는 반대급부가 시민권 취득에 당연히 붙어 있었기에 알제리 이슬람교도들이 그러한 시민권에 저재하지 않는다. 그런데 죽은 자와 죽을 자*를 상기하지 못할 기억은 기억이 아닐 것이다. 죽은 자에게, 망령에게 베풀 준비가 되지 못한 환대는 어떻게 될까?"

"당신을 방문한 죽은 자는 유령이다." 데리다는 기사단장의 석

---

* 'le mortel'은 직역하면 '죽을 자'이지만, '인간'을 가리키는 말이다. 177쪽에서는 '필멸자'로 번역하기도 했다. 바로 이어 나오는 돈 후안의 사례에서 '죽은 자'는 기사단장이고 '죽을 자'는 돈 후안이다.

항했기 때문이었다. 요컨대 사람들은 그들에게 프랑스 시민권이라는 환대를 제공했지만, 우리에게 지금은 친숙해진 하나의 도식에 따라 그들이 자신들의 문화로 간주하는 것들을 포기해야 한다는 조건을 붙였던 것이다. 제2차 세계대전 이전에 있었던 (그 유명한 블룸-비올레트 제안이라는) 또 다른 진보는 그들의 병역 의무 상태, 대학과 상업과 농업에서의 지위, 행정적이거나 정치적인 지위에 근거하여 동화되었다고 추정되는 모든 사람들에게 그들의 개인적인 지위를 포기하지 않고서도 시민권을 보장하는 것이었다. 이 역시 다시 실패한다. 제2차 세계대전 이후, 프랑스의 방위와 해방에 알제리인 군인들이 새롭게 참여했다는 이유로 인해 새로운 진보가 있었다. 1944년 3월 7일 한 법령은 헌법 서문과 제 81조에 의해 규정된 권리 및 의무와 함께, 출생, 인종, 언어, 종교의 구별 없이 알제리의 모든 프랑스 시민들에게 시민권과 평등권을 부여한다. 그럼에도 선거인단은 여전히 둘로 구별된다. 이는 분명 알제리의 독립으로 귀결된 봉기와 무관하지 않을 것이며, 최소한 그 원인들 중 하나일 것이다. 첫 번째 선거인단에는 비-이슬람교도와 일부 이슬람교도가 속해 있었는데, 그들은 일정한 조건들(학력 등, 군복무, 훈장, 하사관이 아닌 장교의 지위—1954년의 봉기 지도자 중에는 하사관들이 많았다)에 부합한 사람들이었다. 이 이중 선거인단 제도는 알제리 전쟁 때까지 존속되었다. 알제리의 독립 이후에도 이 '분규'는 이른바 '파스쿠아법' 및 '정상화'라고 불리는 법들이 제정되는 순간까지도 그치지 않았다. '정상화'란

상 앞에서 허세를 부리는 돈 후안*의 최후의 장면을 재독해하면서

---

* 'Don Juan'은 프랑스어 발음으로는 '동 주앙'으로 표기해야 하겠지만, 그가 스페인의 민담에서 유래한 인물임을 감안해 스페인어 발음인 '돈 후안'으로 표기했다. 돈 후안 이야기는 17세기 티르소 데몰리나의 희곡 《세빌리아의 난봉꾼과 석상의 초대 손님》으로 최초로 문헌상에 등장했다. 우리 책에 등장하는 기사단장Le Commanteur은 돈 후안에 의해 이미 살해된 인물로서, 석상의 상태이지만 살아 있는 사람처럼 말하고 움직인다. 이후에도 돈 후안의 이야기는 모차르트의 《돈 조반니》(1787), 푸슈킨의 《석상 손님》(1830), 몰리에르의 《돈 주앙 혹은 석상의 만찬》(1965) 등 많은 작가들의 작품에서 다루어졌다.

다른 외국인들이 프랑스에 입국할 때 따라야 하는 것과 동일한 조건을 알제리인들에게 따르게 하는 것을 의미한다. (에비앙 협정은 특별한 세칙을 두어, 알제리 시민들에게 프랑스 입국 비자를 면제해 주었다. 우리가 앞서 말한 정상화에 항의했을 때, 파스쿠아의 한 협력자는 "에비앙 협정의 시대는 지나갔다"고 우리에게 대답했다.)

오늘의 결론을 내리기 전에 두 가지 선행적 고찰 또는 두 가지 프로토콜에 한정하여 말해보겠다.

우선, 무조건적 환대와 다른 한편으로 환대를 조건 짓는 권리들 및 의무들 사이의 구별을 고찰해 보자. 이 구별은 환대의 욕망을 마비시키거나 환대의 요구를 파괴하는 것과는 거리가 멀고, 우리에게 칸트적 언어에서 매개적 **도식들**이라고 불릴 만한 것을 근사적이고 유비적인 방식으로, 왜냐하면 엄밀히 말해 환대의 욕망이나 요구가 이 경우에는 마침 배제되어 있고 이 배제를 성찰할 필요가 있기 때문에, 규정하도록 명령한다. 한편에 있는 환대의 무조건적 법 또는 절대적 욕망과 다른 한편에 있는 조건적 권리, 조건적 정치, 조건적 윤리 사이에는 구별과 철저한 이질성이 존재하는 반면 또한 분리 불가능성도 존재한다. 한쪽은 다른 한쪽을 호명하거나 내포하거나 규정한다. 이렇게 말할 수 있다면 무조건적 환대의 정당성을 인정하면서도, 제한할 수 있고 경계 지을 수 있는, 한마디로 계산 가능하고 규정된 권리를 어떻게 정당하게 실행하게 만들 것인가? 역사, [즉] 진화들, 실질적인 혁명들, 진보들, 간단히는 더 완전해질 가능성을 포

죽음의 환대에 대한 물음으로 들어간다. 기사단장의 석상은 돈 후안의 초대에 응할 것이지만, "오직 자기 집으로의 초대를 돈 후안도 받아들이도록 하기 위해서만 그렇게 한 것이다"라고 데리다는 강조한다. "도전은 도전에 응답한다. 죽음의 선물에 대한 응답은 죽음의 선물이다." 유령은 먼저 베일을 쓴 여성의 모습으로 나타난다. "그것이 무엇인지 알아낼 거야…." 돈 후안은 죽음의 위협을 무릅쓰고 그것을 알기 위해 취조한다. "돈 후안도 햄릿처럼 쉽게 죽음을 당할

함하는 구체적 정치와 윤리에 어떻게 장소를 내어줄 것인가? 전례 없는 역사적 상황의 새로운 명령들에 이처럼 응답하는 하나의 정치, 하나의 윤리, 하나의 권리가, 법들을 바꾸고 시민권, 민주주의, 법권리 등을 다르게 규정한다면, 그것은 그 명령들에 실질적으로 부합되는 것일까? 따라서 환대의 조건에 무조건적인 것의 이름으로 실제로 개입한다면 그것은 그 명령들에 실질적으로 부합되는 것일까? 비록 이 순수한 무조건성이 접근 불가능한 것으로 보인다고 하더라도, 그것이 단지 규제적 이념 [즉] 무한하게 멀리 떨어져 있고 항상 부적합한 방식으로만 가까워지는 칸트적 의미의 *이념*으로서 접근 불가능한 것일 뿐 아니라 또한 우리가 분석했던 내적 모순들로 인해 '차단된' 탓에 구조적인 이유들에 접근 불가능하더라도 그렇게 되는 것일까?

두 번째 선행적 고찰은 제사題詞 또는 준거의 형태를 취할 것이다. 우리가 지금까지 선택했던 모든 사례들은 환대에의 권리와 이방인과의 관계가 지니고 있는 구조 내에서는 이방인이 손님이든 적이든 동일한 **우위**가 있음을 부각시켰다. 문제는 혼인 모델, [즉] 부계적이고 남근중심적인 모델이다. 환대의 법들을 만드는 자는 가족의 폭군, 아버지, 남편, 어른, 집 안의 주인이다. 이러한 환대 권력의 폭력 속에서, 이러한 자기성의 역량 속에서, 그는 환대의 법들을 대표하고 그 법들에 스스로 굴복함으로써 그 법들에 타자를 복종시키게 되는 것이다. 이에 대해 우리는 몇 주 전부터 분석하고 있다. 우리는 또한 환대의 문제가 윤리적 문제와 공외

그런 사람이 아니다"라고 데리다는 반어법으로 지적한다.

"손을 내미시오!" 기사단장의 석상은 도발한다. "요청을 받고 내민 손은 보통은 구원이나 결혼을 상징한다. 여기서 그것은 죽음의 손이 될 것이다"라는 내용을 데리다는 따라간다. 이때 데리다는 구원과 결혼과 죽음 사이에 삼각형을 정립한다. 이 삼각형에 의해 환대의 물음은, 사람들이 보통 거부하지만 '유한성 및 사랑의 위협 하에서 환대를 사유하기'라는 무게감 있는 지점 속에 매우 정확히

연적이었음을 언젠가 환기했던 적이 있다. 중요한 것은 항상 체류지, 거주지, 집, 가정, 가족, 자기-집인 한에서의 하나의 거처, 그의 정체성, 그의 공간, 그의 한계들, 에토스에 대해 응답하는[책임지는] 것이다. 그런데 이제 우리가 검토해 보아야 할 상황은 환대가 단지 윤리적인 것 자체와 공외연적인 상황만이 아니라, 앞서 말한 것처럼 환대의 법을 '도덕'이나 특정한 '윤리'를 넘어선 곳에 위치시키는 사람들이 있는 것으로 보이는 상황이다.

이 어려운 물음의 길을 안내하기 위해, 우리는 잘 알려진 롯과 그의 딸들의 이야기를 떠올릴 수 있을 것이다. 이 이야기는 성 아우구스티누스가 거짓말에 대해 쓴 자신의 두 권의 위대한 책에서 사례로 인용한 이후, 칸트가 〈인간애에 근거한 이른바 거짓말할 권리〉에서 인용했던 사례의 전통이 있으니 낯설지는 않다. 자기 손님을 악한, 강도, 살인자에게 넘겨주어야 할까, 아니면 자기 집에 숙박 중이고 [자신은 그들의] 안전에 책임이 있으니 거짓말을 해서라도 그들을 구해야 할까? 〈창세기〉(XIX, 1부터 그 이하)를 보면, 이는 롯이 환대의 법들을 무엇보다 더, 특히 자신을 자기 집과 자기 가족, 무엇보다 자기 딸들과 이어주는 윤리적 의무들보다 더 중요하게 여기는 순간이다. 소돔의 남자들*은 롯이 숙박을 제공하고 있는 손님들을, 지난밤에 자기 집에 도착

---

* 데리다가 거짓말에 관련된 부분만이 아니라 남성 중심주의를 말하는 부분이기도 하므로, 'les hommes'는 '사람들'이 아닌 '남자들'로 옮겼다. 국역본 성경에는 주로 '백성들'로 옮겨져 있다.

기입된다.

나에게는 그가 또한 죽음의 전파 논리를 드러내는 것으로 보인다. 죽음은 자신이 건드린 것을 데려가며, 당연히 그냥 '방문하는' 것이 아니다. 죽음이 되돌려준 환대는 결정적이며 물릴 수 없다. 이 상황은 에우리디케를 찾아가는 오르페우스와 같다. 오르페우스는 에우리디케를 죽음에서 되찾고자 하지만, 죽음에 끌려갈 사람은 그 자신이 될 것이다.

한 그들을 보자고 요구한다. 소돔의 남자들이 이 손님들을 보기 원하면서 들었던 이유에 대해, 한 번역은 이 손님들을 "상관하기" 위해서라고(슈라키의 번역, "그들을 우리에게 내보내라, 그들을 상관하겠다!"), 다른 번역은 완곡하게 그들을 "알기" 위해서라고 말한다. (《플레이야드 총서》에 수록된 도름의 번역, "그들을 알아야 하겠으니 그들을 우리에게 내보내라.")* 롯 자신도 소돔인들이 사는 지역에 체류하기(*gûr*) 위해 온 이방인(*gêr*)이다. **어떤 대가를 치르더라도** 그가 숙박을 제공하고 있는 손님들을 보호하고자, 가족의 수장이자 전능한 아버지인 그는, 소돔의 남자들에게 숫처녀인 자기 두 딸을 제공한다. 두 딸은 아직 남자들에게 '상관된' 적이 없었다. 이는 아브라함에게 신과 세 천사가 나타나서, 아브라함이 마므레의 상수리나무에서 그들에게 환대를 제공한 바로 다음 장면이다. 나중에 돌아오겠지만 이 장면은 아브라함적 환대의 창설적인 위대한 장면으로, 마시뇽의 저서인 《신성한 환대L'hospitalité sacrée》나 《주어진 말La parole donnée》에서도 주요하게 참조되고 있다.

저녁때에 그 두 천사가 소돔에 이르니 / 마침 롯이 소돔의 성문에 앉아 있다가 그들을 보고 / 일어나 영접하고 땅에 엎

* '상관하기'는 'pénétrer'를 옮긴 것인데 국역본 성경에 따른 것이다. 원래의 뜻은 '침투하다', '들어가다', 성적인 의미로는 '삽입하다'는 의미가 있다. '알기'는 'connaître'를 옮긴 것이다.

그러고 나서 데리다는 한 걸음 더 내딛는 위험을 무릅쓴다. "바로 이 되돌려 받은 초대의, 반환의, 투항의 논리에는 고립의 논리가 기입된다." 다시 말해 자신의 주권성을 더는 보유하고 있지 않은 장소의 논리가 기입된다. 그곳은 분할되고 포위되고 공유된 장소, 유령이 출몰하는 장소이다. 데리다는 이렇게 명시한다. "유령이 출몰하는 장소는 유령이 존재하지 않는 곳이다. 유령은 자신이 존재하지 않는 장소에 출몰한다. 그는 자기를 배제한 바로 그곳으로 되돌드려 절하며 / 이르되 "내 주[아도나이]여* / 당신 종의 집 쪽으로 잠시 발걸음을 돌이켜 / 집으로 들어와 여기서 밤을 보내소서. 발을 씻으시고 일찍 일어나 갈 길을 가소서" / 그들이 이르되 "아니라, 우리가 거리에서 밤을 새우리라" / 롯이 두 사람에게 간곡히 청하매 / 그들은 발걸음을 돌려 그의 집으로 들어오는지라 / 그는 진수성찬을 차리고 무교병을 구우니 그들이 먹으니라 / 그들이 눕기 전에 / 그 성 사람들 곧 소돔의 남자들이 / 노소를 막론하고 도처에서 만인이 몰려들어 집을 에워싸고 / 롯을 향해 소리치고 이르되 / "오늘 밤에 너희 집에 온 남자들이 어디 있느냐 / 이끌어 내라 우리가 그들을 상관하리라" / 롯은 문 밖의 무리에게 나가서 / 뒤로 문을 닫고 가로막으며 / 이르되 "청하노니 내 형제들아 이런 악을 행하지 말라 / 내게 남자와 상관된 적이 없는 두 딸이 있노라 / 청하건대 내가 그들을 너희에게로 이끌어 낼 것이니 너희 눈에 좋을 대로 그들에게 행하고 / 다만 이 사람들에게는 아무 일도 저지르지 말라 / 그들은 내 집의 대들보 그늘에 이처럼 쉬러 온 사람들이니."[1]

남색男色과 성적 차이 : 〈사사기(판관기)〉의 유명한 에브

---

* 히브리어 '아도나이Adonaï'는 '나의 주'라는 뜻으로 영어로는 'my Lord'와 같다고 한다. 유대교도가 '여호와'라는 말을 직접 부르지 않기 위해 사용한 단어라고 한다.

1 *Genèse*, XIX, 8-9, trad. A. Chouraqui. [데리다가 인용한 슈라키 판본에 맞추되, 개역 한글 성경(KRU)의 뉘앙스를 참조하여 옮겼다. 이 책 223쪽의 인용문도 마찬가지이다.]

아오는 것이다."

이처럼 데리다의 성찰은 다시 한번 장소의 물음으로 되돌아온다. 그 물음은 이 배제를 사유하지 못한 것에서 비롯되어 우리에게 출몰하러 오는 죽을 자와의 인수되지 못한 관계와 같다. 금실로 엮인 동물들 안에 죽은 자들을 방부 처리하여 넣고 그 동물들이 정신을 잃을 때까지 저절로 춤추게 하여 죽은 영혼들이 돌아와 가까웠던 이들을 데려가지 못하게 만드는 이 무리로부터 우리가 멀리 떨어져

라임산 장면에는 동일한 환대의 법이 유사한 홍정을, [즉] 손님과 인질에 대한 일종의 위계를 만들어 낸다. 베들레헴 쪽으로 길을 가는 한 순례자와 그의 식구들을 집에 맞아들인 주인은 성읍 불량배들*의 방문을 받는다. 이들은 그 순례자를 (그 표현의 성적인 의미에서) "상관하기"를 요구한다.

> 집주인 남자가 그들에게 나와서 / 이르되 "아니라 내 형제들아 청하노니 이같은 악행을 저지르지 말라 / 이 사람이 내 집에 들어왔으니 / 이런 망령된 일을 행하지 말라 / 보라 여기 내 처녀 딸과 이 사람의 첩이 있은즉 내가 그들을 끌어내리니 / 너희가 그들을 욕보이든지 너희 눈에 좋은 대로 행하되 / 오직 이 사람에게는 이런 망령된 일을 행하지 말라" 하나 / 무리가 그의 말을 듣지 아니하므로 / 그 사람이 자기 첩을 붙잡아 밖으로 그들에게 끌어내매 / 그들이 그 여자와 관계하였고 새벽까지 그 여자를 능욕하다가 / 새벽 여명에 그 여자를 돌려보낸지라 / 여인은 동틀 때에 돌아오매 / 여인은 그 사람의 집 문에 이르러 엎드러져 / 자기의 주인이 있었던 그곳에 밝기까지 거기 엎드러져 있더라 / 여인의 주인은 아침 일찍이 일어나더라.[1]

우리는 그 이야기의 끝을, 이렇게 말할 수 있다면 그 **발**

* 원문의 'Benéi Belia'al'은 직역하면 '베리알의 자손들'이라는 뜻이지만 'Belia'al' 자체도 불량배들이라는 뜻이라고 한다.

1 *Juges*, XIX, 23-25, trad. A. Chouraqui.

서 사유하도록, 그는 우리를 일깨운다. 아마도 우리가 우리 애도의 경직성으로 인해 환대이자 초대인 이 운동을 망각해 버렸을 수도 있고, 앎의 욕망으로 인해 어느 정도 우리의 인간성을 희생했을 수도 있다는 점에 대해 사유하도록, 그는 우리를 일깨우는 것이다.

나는 자크 데리다가 때로는 근엄한 철학적 지대에 말의 환대를 베풀어준 것에 감사한다. 그의 말은 유령들과 당당하게 맞서게 하고 살아 있는 자들에게 횡단할 수 있는 길들을 개척해 주었다.

송물을 알고 있다. 환대의 이름으로, 모든 남자들에게 한 명의 여자, 정확히 말해 한 명의 첩이 **발송되었다**. 주인, 즉 그 여자의 "소유주"는 "첩[의 시신]을 거두어 칼을 들고 그 뼈마디를 따라 열두 조각으로 나눈다. 그는 그것을 이스라엘 모든 국경에 보낸다. 보는 자마다 모두 이렇게 말한다. "이스라엘 자손들이 이집트 땅에서 나온 날부터 오늘날까지 이런 일은 일어나지도 아니하였고 보지도 못하였도다. 조심하라. 상의한 후에 말하자."[1]

환대의 법들에 대한 이 전통, 우리는 이 법들의 상속자들일까? 어느 정도까지일까? 불변적인 것이 하나 있다면 이 논리와 이 이야기들의 어디에 위치시켜야 할까?

이 논리와 이야기들은 우리의 기억 속에 무한히 증언하고 있다.

---

1 잘 알려진 대로 루소는 이 일화를 취하여 해석하고 변형했다. 《언어 기원에 관한 시론*Essai sur l'origine des langues*》만이 아니라 《에브라임의 레위 사람*Le Lévite d'Ephraïm*》에서도 [다루었다]. 후자의 저서에 대해 그는 《고백록*Confessions*》에서 "이 책이 내 책들 중 가장 훌륭한 책은 아닐지 모르나, 그래도 내가 가장 소중히 여기는 책이다"라고 말한다. 나는 페기 카무프Peggy Kamuf가 《서명들 — 또는 저자의 제도화*Signatures — ou l'institution de l'auteur*》, Galilée, 1991, p. 107-132의 한 장 전체에서 할애된 이 텍스트들에 관한 놀라운 분석을 참조한다.

옮긴이 후기

1.

이 책은 파리의 사회과학고등연구원EHESS에서 1995년부터 1997년 사이 열린 데리다의 세미나에 참여했던 안 뒤푸르망텔(1964-2017)에 의해 세상에 나오게 되었다. 뒤푸르망텔은 데리다의 세미나 중에서 1996년 1월 10일에 있었던 4강과 1996년 1월 17일에 있었던 5강을 자신의 글 〈초대〉와 함께 엮어서 1997년 출판했다. 데리다의 이 세미나 전문은 데리다 사후 *Collection: Bibliothèque Derrida* 시리즈의 일부인 *Hospitalité*: Volume I(2021)과 *Hospitalité*: Volume II(2022) 두 권의 책으로 프랑스의 쇠이유Seuil 출판사에서 출판되었지만, 우리 책에 실려 있는 4강과 5강은 원래와 똑같은 것이 아니라 데리다의 수정을 거친 글이다.

뒤푸르망텔의 환대는 제목과 편집 형식에서부터 시작된다. 원서의 제목부터가 *Anne Dufourmantelle invite Jacques Derrida à répondre DE L'HOSPITALITÉ*, 즉 "안 뒤푸르망텔이 자크 데리다를 초대하여 '환대에 대하여' 응답하게 하다"

이다. 뒤푸르망텔은 데리다가 주도했던 세미나 때와는 반대로, 자신이 주인이 되어 데리다를 손님으로 초대한다. 뒤푸르망텔은 왼쪽 지면에 이탤릭체의 초대사를 실었고, 데리다의 글을 오른쪽 지면에 정자체로 실었다. 뒤푸르망텔의 글은 데리다의 글과 연관된 내용이지만 페이지마다 바로 대응되는 것은 아니기 때문에 뒤푸르망텔의 글을 읽기 위해 한 번, 데리다의 글을 읽기 위해 한 번, 이렇게 두 번 펼쳐 읽어야 한다.

이 책에서 데리다는 단순한 손님이 아니라 '환대'에 대해 강의할 스승maître, 장소의 진정한 주인이다. 그래서 뒤푸르망텔의 초대사는 초대한 데리다 글 내용을 요약하거나 분석하거나 비평하는 것이 아니라, 이 책에 실린 데리다의 글과 공명하는 데리다의 다른 글, 그리고 데리다가 인용하고 있는 학자들의 다른 글을 소개하여 데리다에 대한 이해를 돕는다. 그럼에도 불구하고 뒤푸르망텔의 글이 지닌 독창성이 있다면, 그것은 데리다의 작업 방식에 대한 정신분석적 해석을 시도하고 있다는 점이다. 뒤푸르망텔의 안내를 따라, 독자들은 주체의 '광기'와 '공포'의 자리를 한계로까지 밀어붙여 드러나게 되는 데리다의 '강박', 또는 철학하는 방식에도 관심을 기울일 수 있을 것이다.

2.

왜 4강과 5강일까? 이 두 강의가 환대의 모든 문제틀을 제시하고 있기 때문이라고 뒤푸르망텔은 〈초대〉에서 해명한다. 이 글들은 마치 2부로 이루어진 환대의 연작시처럼 철학적인 주제와 정치적이고 시사적인 주제를 밀도 있게 넘나든다. 4강은 이방인의 물음이 환대의 문제에 선행한다는 것을 보여준다. 한편으로 소피스트, 소크라테스, 오이디푸스가 이방인으로서 건넨 물음은 국가의 폭력, 법과 권리 등 정치적 문제로, 나아가 현대의 이민자, 난민의 문제로 이어진다. 다른 한편으로 이방인의 물음은 하이데거, 방브니스트, 칸트와 조우하여 철학적 문제가 된다. 5강은 환대의 발걸음으로 인해 일어나고 있는 무조건적 환대와 조건적 환대 사이의 이율배반, 역설, 아포리아를 고찰한다. 오이디푸스의 죽음은 애도가 환대 및 권력과 맺고 있는 관계를, 클로소프스키의 소설은 도착증적 성격의 환대를, 성경의 사례는 부계적이고 남근중심적인 성격의 환대를 보여준다.

데리다의 '환대'는 다양한 관점에서 성찰을 통한 탈구축déconstruction의 계기를 제공해 준다. 첫째, 데리다는 환대의 아포리아적 성격을 제대로 인식해야 조건적일 수밖에 없는 환대의 자리를 제대로 마련할 수 있다고 생각한다. 동시에 이 사유의 여정은 철학적으로는 칸트의 정언 명령이나 레비나스의 환대론에 대한 탈구축의 과정이며, 정치적으로는 파괴적 형태의 "정화적 원한 표출"에 맞서는 과정이다. 둘째, '환대'는 타자를 어떻게 맞아들일 것인가와 관련되어 있다. 이 타자는 외국인이나 실향민도 있지만, 권력의 타자인 인종이나 국민이나 여성이나 피억압자일 수도 있다. 가족 안이나 내 안의 타자일 수도 있고 심지어는 동물일 수도 있다. 그는 '현재'라는 시간조차도 타자성을 지녔다고 본다. 데리다는 한편으로는 파르메니데스부터 하이데거에 이르기까지 인간 중심적 동일성에 기초한 서구 존재론의 탈구축을, 다른 한편으로는 인간을 넘어선 존재로까지 책임을 확장할 것을 요구하는 것이다. 셋째, 언어야말로 타자에 대한 환대 그 자체이다. 외국인과 어떤 언어로 말할 것인지의 문제, 모국어야말로 내가 항상 지니고 다니는 내 안의 타자가 아닌지에 대한 성찰, 고유명은 번역될 수 없기에 언어이면서도 언어에 속하지 않는다는 역설 등은 환대를 제약하면서 동시에 개방한다. 데리다는 정치적이거나 윤리적이거나 철학적인 모든 문제들이 이런 언어의 역설을 통과하여 우리에게 주어진다는 것을 토대로 두고 여러 구체적 논의를 해야 한다고 보는 것이다.

3.

데리다가 1990년대 중반 '환대'를 다루게 된 배경을 간략히 살펴보는 것도 의미 있을 것이다. 가장 직접적으로는 1986년 당시 프랑스의 파스쿠아 내무장관에 의한 '파스쿠아법'의 시행 이후 난민과 외국인의 지위가 지속적으로 문제되고 있었던 상황에 대한 철학자로서의 대응의 필요성을 느꼈기 때문일 것이다. 프랑스에서는 과거 식민지였던 국가로부터 유입된, 프랑스 이외의 다른 민족들의 법적 권리와 법적 지위가 뜨겁게 문제되고 있었다. 5강에서 언급되고 있듯이 1993년 통과된 제2차 파스쿠아법은 프랑스에서 태어난 외국인에게 자동으로 국적을 부여하던 이전과 달리 국적 자동취득권을 삭제하였다. 또 알제리 시민들에게 프랑스 입국 비자를 면제해 주었던 에비앙 협정에 의한 조치가 폐지되었다. 4강과 5강의 제목이 각각 "이방인의 물음", "환대의 발걸음"이고 들고 있는 사례들이 주로 외국인으로서의 이방인과 그들에 대한 법과 권리의 문제들인 것도 이 때문이다.

크게 보아 데리다의 철학적 여정 속에서 '환대'의 주제는 데리다의 이른바 '정치적, 윤리적 전회'*의 일환이라고 할 수 있다. 1980년대 후반부터 1990년대 초반까지의 시기는 현실 사회주의의 붕괴와 냉전의 해체, 국지전의 증가와 세계화의 확산 등으로 인해 기존의 사고들에 대한 혼란과 재검토가 요구되는 시기였다. 원격 기술의 놀라운 발전으로 인해 인터넷과 휴대폰이 상용화에 진입했던 시기이기도 했다. '환대' 강의보다 시기상 앞서 있는 《법의 힘》, 《마르크스의 유령들》, 《우정의 정치들》은, 그 이전 시기에 주로 다루었던 형이상학, 존재론, 언어 등의 주제를 확장하여 정치와 윤리, 법과 권리, 해방의 사상과 종교, 민주주의 등의 주제를 다루기 시작한 저서들이다. 《환대에 대하여》는 이런 책들과 문제의식을 공유하면서 그것을 '환대'의 주제로 확장

* 데리다 자신은 이른바 '전회'에 대해 직접적으로 인정하고 있지는 않다. 오히려 초기 사상부터의 연속성을 더 강조하는 편에 속한다. 이에 대해서는 (1993년에서 1995년 사이에 이루어진 대담이긴 하지만) 《비밀의 취향》(김민호 옮김, 이학사, 2022) 86-87쪽을 참조하라.

하고 있다고 볼 수 있다.* 다른 한편《환대에 대하여》는 레비나스의 '환대론'을 비판적으로 급진화한 '데리다'의 환대론이라고 볼 수 있다. '환대'를 포함하여 레비나스의 철학적 주제 전반을 다룬《아듀 레비나스》와 같이 읽는다면 레비나스에 대한 데리다의 생각을 보다 폭넓게 이해할 수 있을 것이다.

또한 데리다는 원격 기술의 발전이 '환대'의 문제틀에 미치고 있는 영향에도 주목한다. 인터넷 공간이 민주주의를 확산시키는 한편, 다른 한편으로는 경찰 권력의 타락과 기술 혐오를 낳는 고통스러운 역설이 존재한다는 것이다. 칸트는 환대의 의무보다는 진실성의 의무를 정언 명령으로 설정하여 일종의 '이율배반'을 해소하고자 했지만, 데리다는 환대가 법과 권리로 표현될 수밖에 없음을 강조한다. 결국 데리다는 무조건적 환대와 조건적 환대의 아포리아를 넘어설 수 없다고 본다. 결국 애초의 아포리아로, 고대 그리스적 환대로 다시 돌아가는 셈이다. 데리다가 보기에 아포리아는 넘어설 수 없지만, 그에 대해 우리가 사유하지 않아서는 안 되는 성찰의 지점이기도 한 것이다. 하지만 매번 똑같은 결론만 나오는 것은 아니다. 환대는 항상 조건적으로만 실천될 것이기에 그 방식과 내용은 매번 달라질 수밖에 없다. 데리다는 무조건적 환대의 이념에 비추어 환대의 법과 권리를

---

* 이에 대한 좀 더 자세한 설명은《법의 힘》(자크 데리다 지음, 진태원 옮김, 문학과지성사, 2004)에 실린 진태원의 〈옮긴이의 글〉을 참조하라.

구체적으로 정해야 하는 우리의 책임을 강조하고 있는 것이다.

이처럼 데리다는 늘 시의적인 글을 발표했다는 점을 잊지 말기로 하자. 데리다가 이 글들을 발표한 지 거의 30년의 세월이 지나갔다. 2023년 현재, 원격 기술의 발전은 점점 더 빨라지고 있으며, 이에 따라 사적 영역, 즉 자기와 자기성의 침해는 숙명과도 같은 것이 되었다. 데리다가 제기한 외국인의 문제는 이제 한국 사회에도 현실의 문제가 되었다. 유럽과 한국, 20세기 말과 21세기 초, 데리다의 문제틀은 여전히 유효하겠지만 달라진 점들을 놓치지 않아야 할 것이다.

4.

이 책을 한글로 옮겼던 시간은 기존 번역어를 수용하고 계승하면서도 새로운 번역어를 고민했던 과정이기도 했다. 먼저, 2019년 철학 아카데미에서 열렸던 진태원의 강의, 〈환대에 대하여〉를 들으면서 이 책에 대해 큰 맥락에서 접할 수 있었다. 프랑스어 원서를 한글로 번역하는 과정에서 레이첼 볼비Rachel Bowlby의 영역본(스탠퍼드대학교출판부, 2000)과 지금은 절판된 남수인 선생님(이하 '선생님' 칭호 생략) 번역의 《환대에 대하여》(동문선, 2004), 그리고 김민호, 문성원, 진태원 등이 옮긴 여러 데리다 저서의 국역본들을 참조했다. 필자의 초역 원고를 두고 진태원의 주관으로 열린 두 차례의 세미나 덕분에 여러 오역들을 고칠 수 있었고 쟁점이 되는 사항들을 더 잘 이해할 수 있었다. 아울러 세미나에서 발제와 번역 교정으로 많은 도움을 준 김세원, 주재형, 여러 조언과 토론으로 도움을 준 강병호, 김소연, 송용한, 오근창, 최의연, 황재민 등 모든 선생님들께 진심으로 감사를 전한다. 작년까지 이어 나갔던 '자크 데리다 세미나 팀'의 강길모, 김우리, 손정민, 송해민, 오동석, 이현오, 조주영, 최봉실, 한희정 등의 여러 선생님들께 감사를 드리며 다시 세미나를 할 기회가 있기를 희망한다. 성함은 일일이 거명하지 않겠지만, 뒤늦은 철학 공부에 든든한 동지가 되어 준 현대정치철학연구회의 여러분들 덕분에 이 책의 번역을 할 용기를 낼 수 있었다. 마냥 늦어지는 원고를 기다려준 필로소픽 출판사와 누구보다도 꼼꼼하게 교정해 주신 이한솔 편집자께도 깊이 감사를 전한다.

이 책에 실린 데리다의 글은 강의를 위한 글이기에, 데리다의 다른 글보다 상대적으로 이해하기 쉬운, 입문서의 역할을 할 만한 글에 속한다고 볼 수 있다. 그럼에도 이 글 역시 이해하기가 결코 만만치는 않다. 데리다는 자기 글이 독해나 번역의 과정을 힘들게 거쳐 어렵게 이해되기를 바라면서, 동시에 그 과정이 다양한 해석의 가능성을 개방한다는 것을 의식하면서 글을 쓰는 사람이다.* 이 글도 예외는 아니다. 하지만 옮기는 사람은 독자들이 최대한 이해하

---

* 이에 대한 데리다의 자세한 해명은 《비밀의 취향》 32-36쪽, 57-60쪽을 참조하라.

기 쉽게, 저자의 의도를 파악하여 최대한 정확하게 옮겨야 한다. 필자 역시 데리다의 의도에 충실하게 번역하려고 애를 썼지만, 필자의 이해 수준을 넘어설 수 없었다는 것을 잘 알고 있다. 오히려 더 정확하게 번역하고자 하면 할수록 옮긴이의 주는 늘어나고 필자의 이해가 점점 더 반영되어 버린 것 같다. 각 국역본들 사이에 합의된 번역어가 없다는 점도 번역의 높은 문턱이었다. 최대한 기존 번역어를 따르려고 했고 그것이 독자에 대한 예의이겠지만, 이견을 드러내는 것이 더 좋을 수도 있다는 생각에 필자만의 번역어를 채택한 사례가 적지 않게 있었다. 더 좋은 번역은 있기 마련이기에, 잘못된 번역이거나 좋지 않은 번역에 대한 책임은 전적으로 필자에게 있다는 것, 따가운 질책을 감당하고 번역의 향상을 위해 노력하는 것 또한 필자의 몫이라는 것을 잘 알고 있다.

5.

이 책을 옮기는 과정은 또한 안 뒤푸르망텔에 대한 애도의 시간이기도 했다. 뒤푸르망텔의 글을 이해하기 위해 검색하는 과정에서, 수영을 하다가 강풍에 휩쓸린 두 명의 아이를 구하기 위해 물 속으로 뛰어들었다가 아이들은 구조대에 의해 구조되었지만 그녀 자신은 사망했다는 것을 알게 되었다. 2017년 53세의 나이였다. 철학자로서 평소 그녀는 일상의 소중한 가치를 위해 위험을 무릅쓰는 태도를 강조해 왔다고 한다. 그녀가 살아 있었다면, 이 책을 만나게

해준 뒤푸르망텔에게 옮긴이로서 감사의 말을 전했을 것
이다.

해제

환대라는 이름의 철학적인 것

진태원

(성공회대 민주자료관 연구교수)

데리다의 《환대에 대하여》를 읽는 일은, 몇 번의 놀람 또는 반전反轉을 경험하는 일이다.

첫 번째 놀람 또는 반전. 《환대에 대하여》를 손에 든 독자들은 아마도 '무조건적 환대' 또는 '절대적 환대'를 머릿속에 떠올릴 것이다. 그것을 긍정하든 부정하든 간에, 데리다는 무조건적인 환대를 주장한 철학자 내지 윤리학자로 알려져 있기 때문이다. 하지만 독자들이 실제로 이 책을 읽어 가다 보면, 데리다의 환대론을 그처럼 단순하게 이해할 수 없다는 사실을 금방 깨닫게 된다. 예컨대 데리다는 이렇게 질문한다. "무엇이 더 정당하고 더 애정 어린 것일까? 묻는 것일까, 아니면 묻지 않는 것일까?"(47쪽) 묻는 것이 더 정의롭고 사랑이 담긴 대응일까, 아니면 묻지 않는 것이 더 정의롭고 사랑을 베푸는 일일까? 요컨대 묻는 게 환대하는 것일까, 아니면 묻지 않는 게 환대하는 것일까?

여기서 묻는다는 것은 이름을 묻고 신원을 파악하는 행위를 가리킨다. 여행이나 사업차 또는 공부 등을 위해 찾아간 외국의 공항에서 우리는 이름과 국적, 방문 목적 등을 묻는 해당 국가 관리의 질문에 익숙해져 있다. 이런 질문들을 통해 우리가 그들에게 위험하지 않은 존재자임이 확인되고 난 이후 우리는 비로소 해당 국가에 입국할 수 있다. 이것이 대개 우리가 경험하는 환대의 절차다. 그렇다면 묻지 않는다는 것은, 말 그대로 묻지도 따지지도 않는다는 것, 이름이 무엇이고 국적이 무엇인지, 무엇 때문에 우리나라에 왔는지 물어보지 않고 입국시켜주는 것, 요컨대 무조건적으로 환대한다는 것을 의미한다.

따라서 데리다가 만약 무조건적인 환대를 주장하는 철학자라면, 데리다는 당연히 묻지도 따지지도 않고 받아들이는 것이 더 정의롭고 애정 어린 환대의 태도라고 주장해야 옳을 것이다. 그런데 데리다는 묻는 것과 묻지 않는 것 사이에서 단호하게 결정을 내리기보다는 과연 어떤 게 더 정의로운 것인지 묻고 있다.

왜 그럴까? 그것은 무엇보다 아무것도 묻지 않고 받아들이는 것, 곧 무조건적인 환대를 실행한다는 것은 사실상 국경을 모두 개방한다는 것을 의미하기 때문이다. 도착하는 이들에게 아무것도 묻지 않고 그가 누구인지, 무슨 목적으로 입국하려는 것인지 묻지 않고 그냥 모두 받아들인다면, 그 경우 국경이라는 것은 아무런 의미를 갖지 않을 것이다.

국경이야말로 검열과 분류, 선별의 장소, 곧 묻고 따지는 장소가 아닌가? 그런데 이처럼 국경을 모두 개방한다면 무슨 일이 일어날까? 모든 나라가 국경을 없애고 모든 사람들이 모든 나라들을 자유롭게 왕래하게 된다면, 세계는 지금보다 훨씬 더 평화로운 곳이 될까?

그럴지도 모르지만, 아마 세계가 대혼란에 빠지게 될 것이라는 점이 더 개연성이 있는 일일 터이다. 왜냐하면 (개연성이 전혀 없는 것이기는 해도) 국경이 모두 개방되면, 현재와 같이 부유한 나라들과 가난한 나라들로 분할된 세계에서, 더욱이 소수의 부유한 나라들과 대다수의 가난한 나라들로 분할된 세계에서, 가난한 나라의 수많은 사람들이 소수의 부유한 나라들로 몰려들 것이 분명하기 때문이다. 그리고 이처럼 국경이 절대적으로 개방된다면, 이는 많은 사람들에게 타자들에 대한 커다란 불안과 공포panic, 아마 실제 일어난 혼란보다 훨씬 더 큰 공포를 가져올 것이다. 이러한 공포는 집단적인 불안과 안전에 대한 강렬한 욕망을 자극할 것이며, 이는 다시 공적일 뿐만 아니라 사적인 형태의 무장과 폭력들을 대규모로, 그리고 다양한 수준에서 유발하게 될 것이다.

무조건적인 국경의 개방과는 전혀 거리가 멀지만, 시리아 내전 이후 시리아 주변국들만이 아니라 유럽으로 수많은 난민이 몰려들면서 유럽 대륙은 큰 혼란에 빠져들었다. 유럽의 많은 나라들이 자의 반 타의 반으로 많은 수의 시리아 난민을 받아들였다. 하지만 여전히 유럽 대륙으로 몰려드는 많은 난민들이 존재하며, 유럽의 각 나라들은 난민 문제로 애를 먹고 있다. 이처럼 많은 수의 난민을 받아들이면서 인종주의와 국민주의적 반동이 격렬해지며 반反이민, 반反이슬람 감정이 고조되고, 그에 편승하여 극우파 정당들이 득세하게 되었으며 치안과 검열 활동이 강화되었다. 따라서 만약 무조건적 환대의 방식으로서 국경의 완전한 개방이 이루어진다면, 그 경우 오히려 환대는 더욱 더 제한될 수 있다. 절대적인 환대를 실행하려는 것이 환대를 제한하게 되며, 환대를 실행할 수 있는 주체의 조건을 잠식할 수 있는 것이다.

최근 출간된 환대에 관한 세미나에서 데리다 역시 이 점을 강조하고 있다. "정확히 정치적인 것이 파괴될 때, 곧 갑자기 명확한 국경이, 지정된 시민권이, 조국에 대한, 종교에 대한, 따라서 가능한 정체화identification에 대한 준거가 존재하지 않게 될 때, 바로 이 순간 증오가 적대를 대체하게 되고, 증오가 한없이 절대적으로 분출하게 됩니다."*

따라서 데리다가 무조건적인 환대를 주장했다는 소문은, 사실 책을 읽어보지 않은 이들의 순진한 상상의 결과일 것이다. 이것이 첫 번째 놀람 또는 반전이다.

여기에서 두 번째 놀람 또는 반전이 시작된다. 그렇다면 조건적 환대가 무조건적 환대보다 더 낫다는 뜻인가? 우

---

* Jacques Derrida, *Hospitalité*, vol. 1, Seuil, 2021, p. 190.

리는 더 많은 공포와 불안, 혐오와 폭력을 초래할 수도 있는 무조건적 환대보다는 '현실적인' 조건적 환대를 수행할 수밖에 없고, 또 수행해야 한다는 뜻인가? 만약 데리다가《환대에 대하여》에서 내리는 결론이 이런 것이라면, 과연 철학이란 무엇인지 의문이 들 수밖에 없다. 왜냐하면 그것은 굳이 철학 없이도 우리가 일상적으로 행하는 바이기 때문이다. 그렇지 않은가? 우리는 일상에서 사람들을 만날 때 그 사람이 나 또는 우리에게 도움이 될지 손해가 될지, 그 사람이 나 또는 우리를 좋아하는지 아닌지를 고려하면서 누군가를 사귀거나 가까이 하지 않는가? 우리가 외국인을 들일 때도 우리는 그 사람이 우리나라에 도움이 될지 아닐지를 일차적으로 고려하면서 (관광을 와서 돈을 잘 쓰고 가는지, 이주노동자로 와서 성실히 우리나라 경제를 위해 기여할지, 100만 원 가사도우미로 와서 저출산 문제 해결에 기여할지 등) 들이거나 거부하거나 하지 않는가? 그런 상황에서 굳이 조건적 환대를 정당화하는 철학이 필요할까?

아니, 데리다는 확실히 조건적 환대보다는 무조건적 환대에 관심을 갖고 그것을 지지한다고 볼 수 있다. 왜냐하면 데리다가 이 책에서 관심을 기울이는 이가 "외국인" 또는 "이방인"이며, 그중에서도 절대적 이방인이기 때문이다. 데리다는 오이디푸스, 단《오이디푸스 왕》의 오이디푸스가 아니라《콜로노스의 오이디푸스》의 오이디푸스에게서 바로 이러한 절대적 이방인의 모습을 발견한다. 오이디푸스는 "법-바깥의-사람(*anomon*)"이며, "절대적 도착자"(57쪽)이다. 그는 "'그가 어디에 있는지, 그가 어디로 가는지'에 관한 앎이 없는 채, 그 장소와 그 장소의 이름에 관한 앎이 없는 채, 세속적인 것과 성스러운 것, 인간적인 것과 신적인 것 사이에"(57쪽) 놓여 있는 존재자다. 오이디푸스는 우리가 알다시피 아버지를 죽이고 어머니와 결혼하여 자식이자 동생인 이들을 낳은 사람, 따라서 가장 원초적인 인륜 질서를 어기고 신들에게 버림받았으며, 조국에서 쫓겨나서 눈 먼 채로 이국땅을 떠돌아다는 이이기 때문이다.

더욱이 데리다에 따르면 절대적 도착자 오이디푸스는 단지 비극 속의 허구적 주인공이 아니다. 그는 오늘날 생생하게 살아 있는 존재자이며 근대 세계를 상징하는 존재자이다. 《전체주의의 기원》에서 한나 아렌트가 말하듯, 제1차 세계대전과 제2차 세계대전 당시에 전쟁을 피해, 나치의 박해를 피해 피난을 간 수많은 사람들은, "고향을 떠나자마자 노숙자homeless가 되었고 국가를 떠나자마자 무국적자stateless가 되었다. 인권을 박탈당하자마자 그들은 무권리자들rightless이 되었으며 지구의 쓰레기"*가 되었다. 바로 이들이야말로 "아노모스 오이디푸스, 근대적인 법-바깥에-존재하는 이"†가 아닌가? 법-바깥의-사람들, 그들은 오늘날에도 우리 도처에 존재하고 있는 것 아닌가? 일회용 인간이라고 불리는 이들, 남아메리카의 광산에서 저임금 중노동에 시달

---

* Hannah Arendt, *The Origins of Totalitarianism*, Harcourt, 1973, p. 267; 《전체주의의 기원》, 이진우 · 박미애 옮김, 한길사, 2006, 489-490쪽.

† J. Derrida, *Hospitalité*, vol. 1, p. 187.

리는 현대판 노예들만이 아니라, 이른바 "위험의 외주화" 속에서 위험한 일을 혼자서 감당하다가 건강을 해치거나 목숨을 잃는 수많은 비정규노동자들, 이주자들, 난민들, 성적 소수자들 같은 이들이 다름 아닌 법-바깥의-사람들 아닌가?

그렇다면 데리다가 이러한 이방인들에게 관심을 기울이고, 그들에 대한 무조건적 환대의 가능성을 모색하는 것은, 철학적, 윤리적, 정치적으로 정당한 태도라고 말할 수 있을 것이다. 이런 점에서 보면 데리다는 확실히 무조건적 환대의 편에 있는 철학자라고 말하는 것이 옳을 것이다.

세 번째 놀람 또는 반전. 하지만 데리다에 따르면 그럼에도 우리는 무조건적 환대와 조건적 환대에서 한 쪽 편을 확실하게, 결정 가능하게 결정을 내릴 수는 없다. 그 이유는 양자의 관계가 정확히 이율배반의 성격을 띠고 있기 때문이다. 무조건적 환대와 조건적 환대 (또는《법의 힘》의 표현을 빌린다면) 정의와 법 사이에는 이율배반적 관계가 존재한다는 것. 어쩌면 이것이 이 책의 가장 중요한 철학적 핵심이라고 말할 수도 있다. 양자의 관계가 이율배반적이라는 것은, 단지 양자가 서로 충돌한다는 것을 의미하지 않는다. 만약 그런 것이라면, 무조건적인 환대라는 것은 칸트가 말하는 규제적 이념으로 이해될 수도 있고 아니면 "추상적이고 유토피아적인"(117쪽) 것에 머물 수도 있을 것이다. 그리고 이렇게 이해한다면 무조건적 환대는 결코 실현될 수 없는 이념이지만, 그것은 어쨌든 현실적으로 실천되는 조건적 환대를 규제하고 그것을 개선하는 준거로 작용하는 것으로 이해될 것이다.

하지만 데리다는 이런 해석을 미리 비판하면서 이렇게 말한다. "무조건적 환대와 조건적 환대, 또는 법 **자체**와 법**들**이라는 이 두 개의 법 체제는 모순적이고 이율배반적**이면서도** 분리 불가능하다. 그것들은 서로를 함축하는 동시에 하나와 다른 하나 간에 서로를 배제한다. 그것들은 서로를 배제하는 순간 서로 합체되며, 하나와 다른 하나 간에 서로를 에워싸는 순간 서로 분리된다."(117, 119쪽) 왜냐하면 무조건적 환대 편에서 보면 조건적 환대는 진정한 환대가 아니라 사실은 치안에 불과한 것이지만, 그리고 역으로 조건적 환대의 편에서 보면 공공의 불안을 야기하면서 무조건적으로 이방인을 맞아들이자고 주장하는 무조건적 환대야말로 공익을 훼손하고 정의를 불가능하게 만드는 것일 수 있지만, 또 다른 한편으로 보면 조건적 환대들 없이 무조건적 환대는 존재할 수 없으며, 무조건적 환대에 기초를 두지 않는다면 조건적 환대는 그저 행정적이고 치안적인 규제에 불과할 수 있기 때문이다.

그렇다면 우리는 이방인들에 대하여, 외국인에 대하여, 더 나아가 일회용 인간들에 대하여 무조건적 환대를 해야겠지만, 그 무조건적인 환대를 어떻게 해야 하는지 잘 알지 못한다고 말할 수 있다. 왜냐하면 누군가에는 무조건적인 환대일 수 있는 행위가 누군가에게는 불안하고 위험한 행위처럼 보일 수 있으며, 심지어 우리가 어떤 타자를 무조건적으로 환대하기 위해서는 우리는 또 다른 타자들은 배제해야 하기 때문이다. 유한한 우리가 모든 타자들에 대해 절대적으로 무조건적 환대를 베풀고, 모두에게 정의를 시행할 수는 없는 노릇이다. 그러면 우리는 누구에게 무조건적 환대를 해야 하고 누구는 (적어도 당분간) 환대에서 배제해야 하는가? 어떤 기준에 따라 그렇게 할 수 있는가? 그 기준은 무조건적 환대의 원리에 부합하는 기준인가 아니면 조건적 환대의 원리에 일치하는 기준인가?

그렇다면 얼핏 보기에 매우 추상적이고 난해한 철학 논의처럼 보이는 데리다의 논변이 지극히 현실적인 함의를 지닌다는 점을 이해할 수 있을 것이다. 아마도 데리다야말로 어떤 의미에서는 지극히 "현실주의적인 철학자"라고 말할 수도 있을 텐데, 깊이 생각하는 독자라면 "현실주의"와 "철학"이라는 두 단어 사이의 관계가 또한 지극히 이율배반적이라는 점을 눈치 챘을 것이다.

네 번째 놀람 또는 반전. 하지만 아마 반전은 여기에서 멈추지 않을 것이다. 왜냐하면 우리가 앞서 법-바깥에-존재하는 이라고 말했던 오이디푸스에게도 또한 그 바깥이, 또 다른 절대적 타자가 존재하기 때문이다. 그 타자의 이름은 바로 안티고네다. 그는 눈 먼 아버지를 모시고 이국땅을 이리저리 배회하는 존재이지만, 결국 이국땅에서 자신의 묘지를 선택한 아버지를 애도할 수 있는 기회를 박탈당하기 때문이다. 바로 그 아버지에게서. 그리고 나중에는 고국에서 크레온에게서. 애도야말로 환대의 또 다른 본질적인 방식이라면, 애도의 기회를 박탈당한 안티고네, 따라서 환대의 가능성 자체에서 배제당한 안티고네는, 우리에게 환대의 문제에 관해 무엇을 말해주는가? 더욱이 이 책의 말미에 나오는 성경 〈창세기〉의 롯 이야기, 곧 이방인을 환대하기 위해 자신의 딸들을 내어주는 그 이야기는 환대에 관하여, 환대와 젠더의 문제에 관하여 무엇을 말해주는가?

아마도 우리는 이 책을 읽으면서 내가 방금 언급했던 것들보다 더 많은 놀람과 반전을 경험해야 할 것이다. 그것이 《환대에 대하여》라는 이 책을 올바르게 환대하는 한 방식일 것이고, 환대에 관한 데리다의 사유를 단지 하나의 철학이 아니라 '철학적인 것'의 이름으로 만드는 한 방식일 것이다.

환대에 대하여

초판 1쇄 발행 | 2023년 7월 10일
초판 3쇄 발행 | 2025년 1월 10일

지은이 | 자크 데리다 · 안 뒤푸르망텔
옮긴이 | 이보경
펴낸이 | 이은성
기　획 | 이한솔
편　집 | 김하종
교　정 | 이한솔
디자인 | 백지선

펴낸곳 | 필로소픽
주　소 | 서울시 종로구 창덕궁길 29-38, 4-5층
전　화 | (02) 883-9774
팩　스 | (02) 883-3496
이메일 | philosophik@naver.com
등록번호 | 제 2021-000133호

ISBN 979-11-5783-298-9 93160
필로소픽은 푸른커뮤니케이션의 출판브랜드입니다.